Male die Lösungsfelder an!

1) 23 + 14 =	13) 87 – 16 =
2) 23 + 24 =	14) 74 – 14 =
3) 63 + 24 =	15) 74 – 44 =
4) 63 + 34 =	16) 58 – 34 =
5) 36 + 17 =	17) 45 – 16 =
6) 47 + 34 =	18) 87 – 29 =
7) 79 + 15 =	19) 62 – 34 =
8) 58 + 38 =	20) 75 – 39 =
9) 14 + 58 =	21) 83 – 39 =
10) 49 + 37 =	22) 91 – 42 =
11) 56 + 27 =	23) 84 – 28 =
12) 19 + 46 =	24) 92 – 15 =

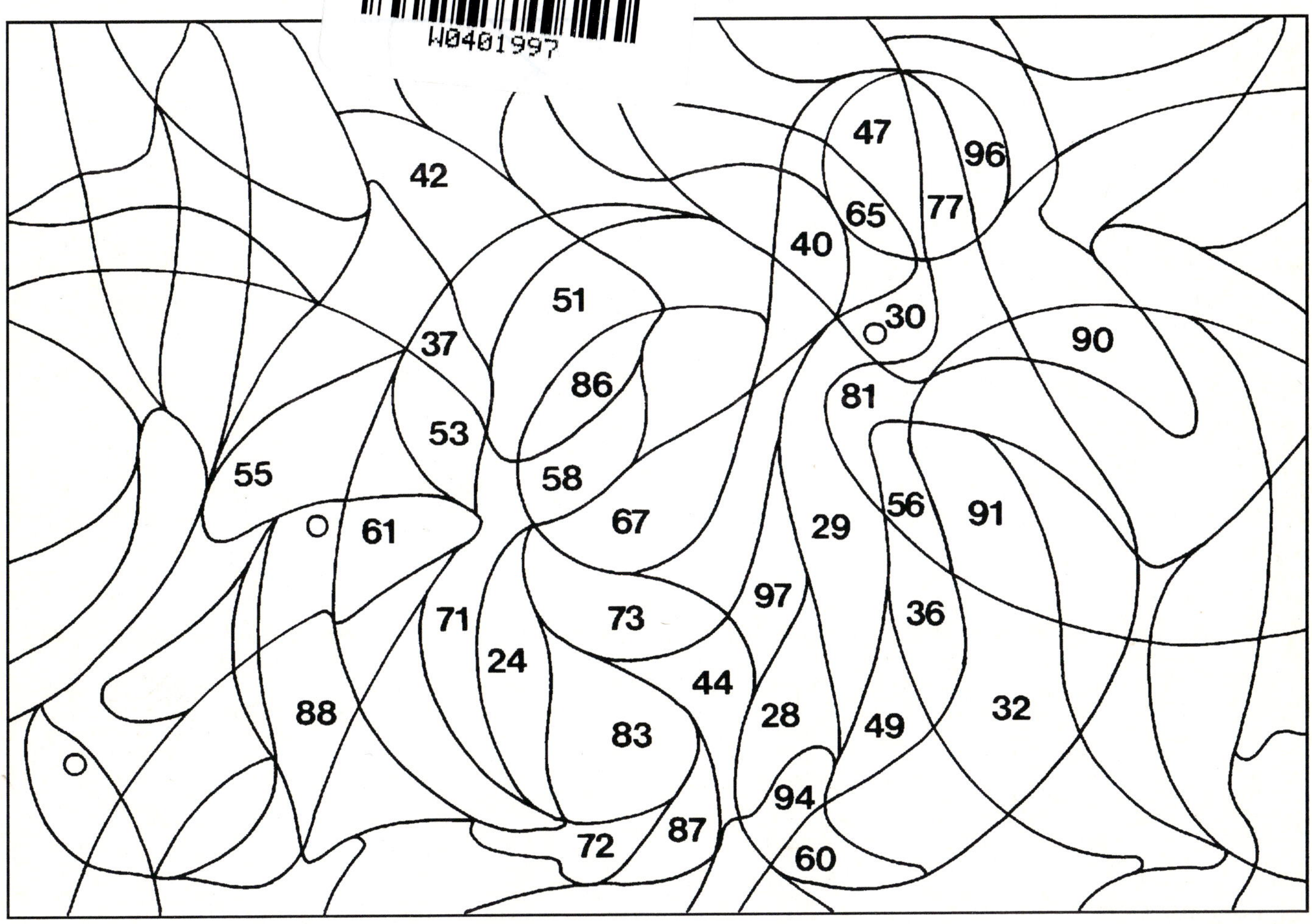

Bd. 42. Heiner Müller: Rechenblätter mit Selbstkontrolle – 3. Schuljahr

Verbinde die Punkte in der Reihenfolge der Aufgaben!

1) · 7

E	A
7	
2	
8	
4	
9	
10	

2) · 9

E	A
3	
4	
8	
2	
9	
10	

3) · 6

E	A
9	
4	
7	
6	
8	
10	

4)
$5 \cdot 3 =$
$1 \cdot 3 =$
$4 \cdot 3 =$
$2 \cdot 3 =$
$7 \cdot 3 =$
$10 \cdot 3 =$

5)
$9 \cdot 5 =$
$5 \cdot 5 =$
$1 \cdot 5 =$
$7 \cdot 5 =$
$2 \cdot 5 =$
$10 \cdot 5 =$

6)
$2 \cdot 8 =$
$4 \cdot 8 =$
$5 \cdot 8 =$
$1 \cdot 8 =$
$8 \cdot 8 =$
$10 \cdot 8 =$

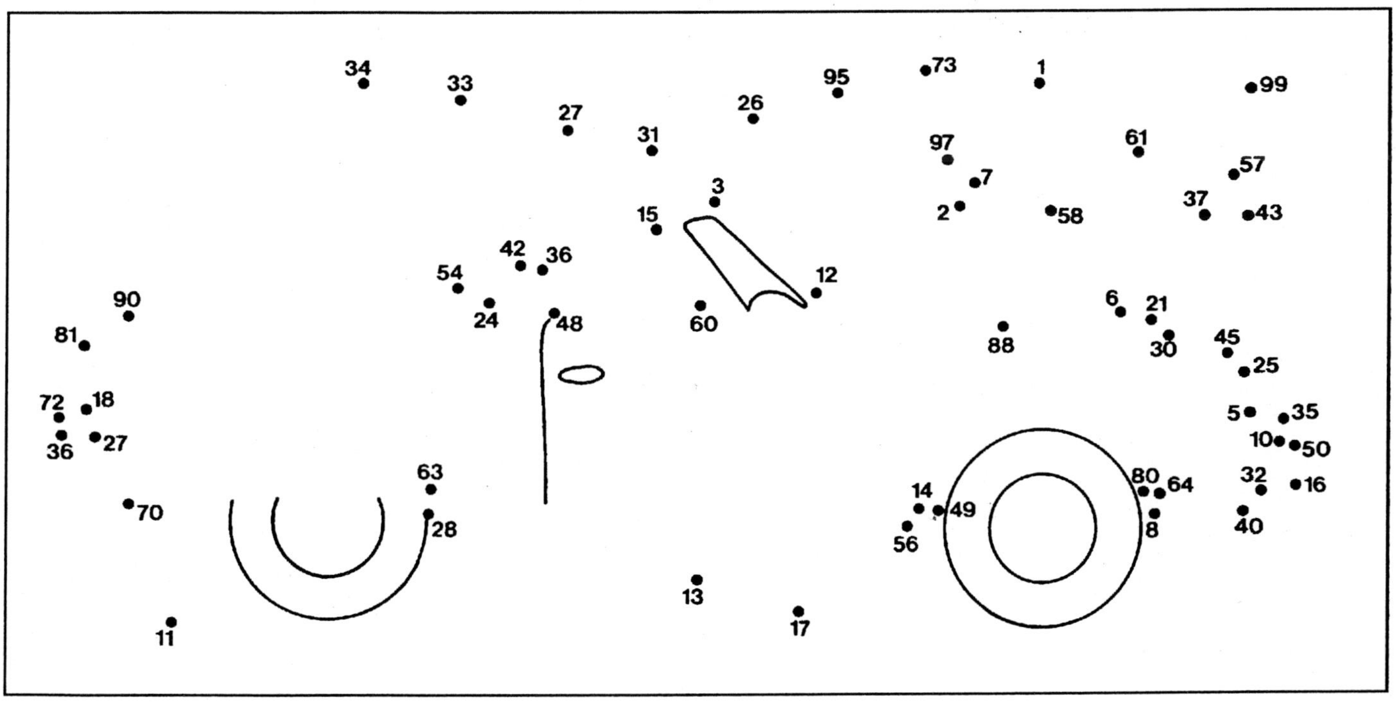

® Bergedorfer®
Best.-Nr. 2054

Male die Lösungsfelder in den angegebenen Farben an!

blau: (:8) →

1)

E	A
40	
56	
72	
48	
64	
32	

blau: (:7) →

2)

E	A
63	
56	
49	
35	
42	
28	

blau: (:9) →

3)

E	A
54	
45	
72	
81	
36	
63	

rot:

4)
___ : 4 = 8
___ : 4 = 7
___ : 4 = 4
___ : 4 = 5
___ : 4 = 10

gelb:

5)
___ : 6 = 8
___ : 6 = 6
___ : 6 = 9
___ : 6 = 10
___ : 6 = 7

schwarz:

6)
___ : 3 = 10
___ : 3 = 6
___ : 3 = 4
___ : 3 = 9
___ : 3 = 7

Bergedorfer® Best.-Nr. 2054

Male die Lösungsfelder an!

1)	6 H	4 Z		=	13)	7 H	4 Z	2 E	=
2)	8 H	3 Z	4 E	=	14)	6 H	3 Z	1 E	=
3)	6 H	6 Z	6 E	=	15)	4 H		3 E	=
4)	2 H	1 Z	9 E	=	16)	7 H	7 Z		=
5)	9 H	3 Z		=	17)	5 H		5 E	=
6)	4 H	8 Z		=	18)	3 H	8 Z	2 E	=
7)	4 H	3 Z	2 E	=	19)	6 H	4 Z	2 E	=
8)	8 H	1 Z	8 E	=	20)	3 H		1 E	=
9)	3 H	2 Z	5 E	=	21)	8 H	2 Z		=
10)	7 H	8 Z	9 E	=	22)	9 H	9 Z	9 E	=
11)	2 H	2 Z	2 E	=	23)	1 H	9 Z	3 E	=
12)	5 H	1 Z		=	24)	4 H		1 E	=

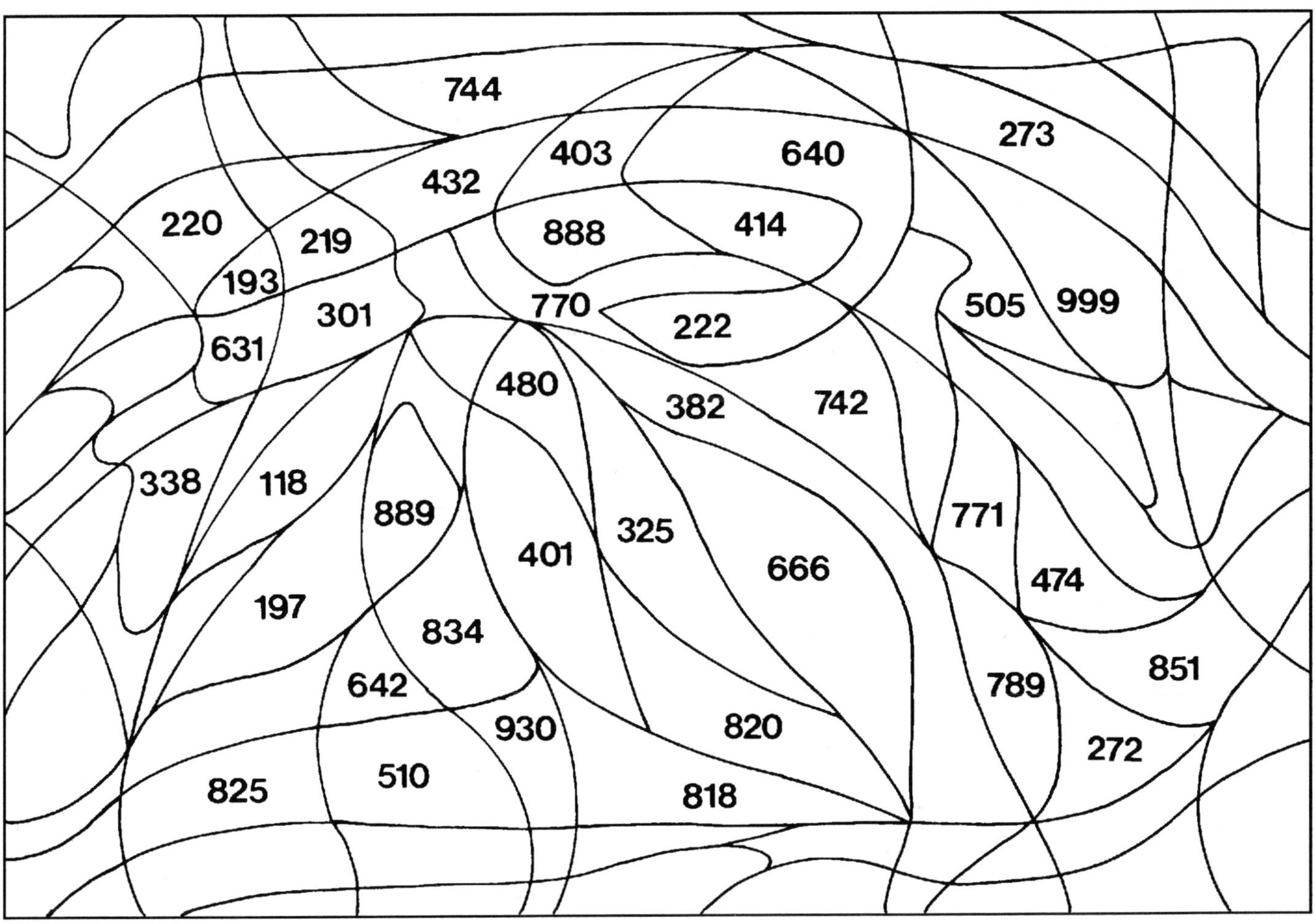

Bergedorfer®
Best.-Nr. 2054

Verbinde die Punkte in der Reihenfolge der Aufgaben!

1) $6 \cdot 100 + 3 \cdot 10 + 5 \cdot 1 =$
2) $4 \cdot 100 + 6 \cdot 10 + 8 \cdot 1 =$
3) $3 \cdot 100 + 0 \cdot 10 + 4 \cdot 1 =$
4) $7 \cdot 100 + 6 \cdot 10 + 9 \cdot 1 =$
5) $5 \cdot 100 + 0 \cdot 10 + 7 \cdot 1 =$
6) $3 \cdot 100 + 5 \cdot 10 + 6 \cdot 1 =$
7) $9 \cdot 100 + 4 \cdot 10 + 0 \cdot 1 =$
8) $8 \cdot 100 + 8 \cdot 10 + 8 \cdot 1 =$
9) $2 \cdot 100 + 9 \cdot 10 + 3 \cdot 1 =$
10) $6 \cdot 100 + 2 \cdot 10 + 9 \cdot 1 =$
11) $1 \cdot 100 + 6 \cdot 10 + 5 \cdot 1 =$
12) $5 \cdot 100 + 5 \cdot 10 + 1 \cdot 1 =$
13) $3 \cdot 100 + 0 \cdot 10 + 6 \cdot 1 =$
14) $4 \cdot 100 + 2 \cdot 10 + 6 \cdot 1 =$
15) $8 \cdot 100 + 9 \cdot 10 + 0 \cdot 1 =$
16) $6 \cdot 100 + 7 \cdot 10 + 8 \cdot 1 =$
17) $5 \cdot 100 + 3 \cdot 10 + 2 \cdot 1 =$
18) $2 \cdot 100 + 0 \cdot 10 + 2 \cdot 1 =$
19) $7 \cdot 100 + 3 \cdot 10 + 7 \cdot 1 =$
20) $9 \cdot 100 + 6 \cdot 10 + 5 \cdot 1 =$
21) $4 \cdot 100 + 2 \cdot 10 + 3 \cdot 1 =$
22) $6 \cdot 100 + 5 \cdot 10 + 0 \cdot 1 =$
23) $9 \cdot 100 + 0 \cdot 10 + 3 \cdot 1 =$
24) $8 \cdot 100 + 6 \cdot 10 + 0 \cdot 1 =$

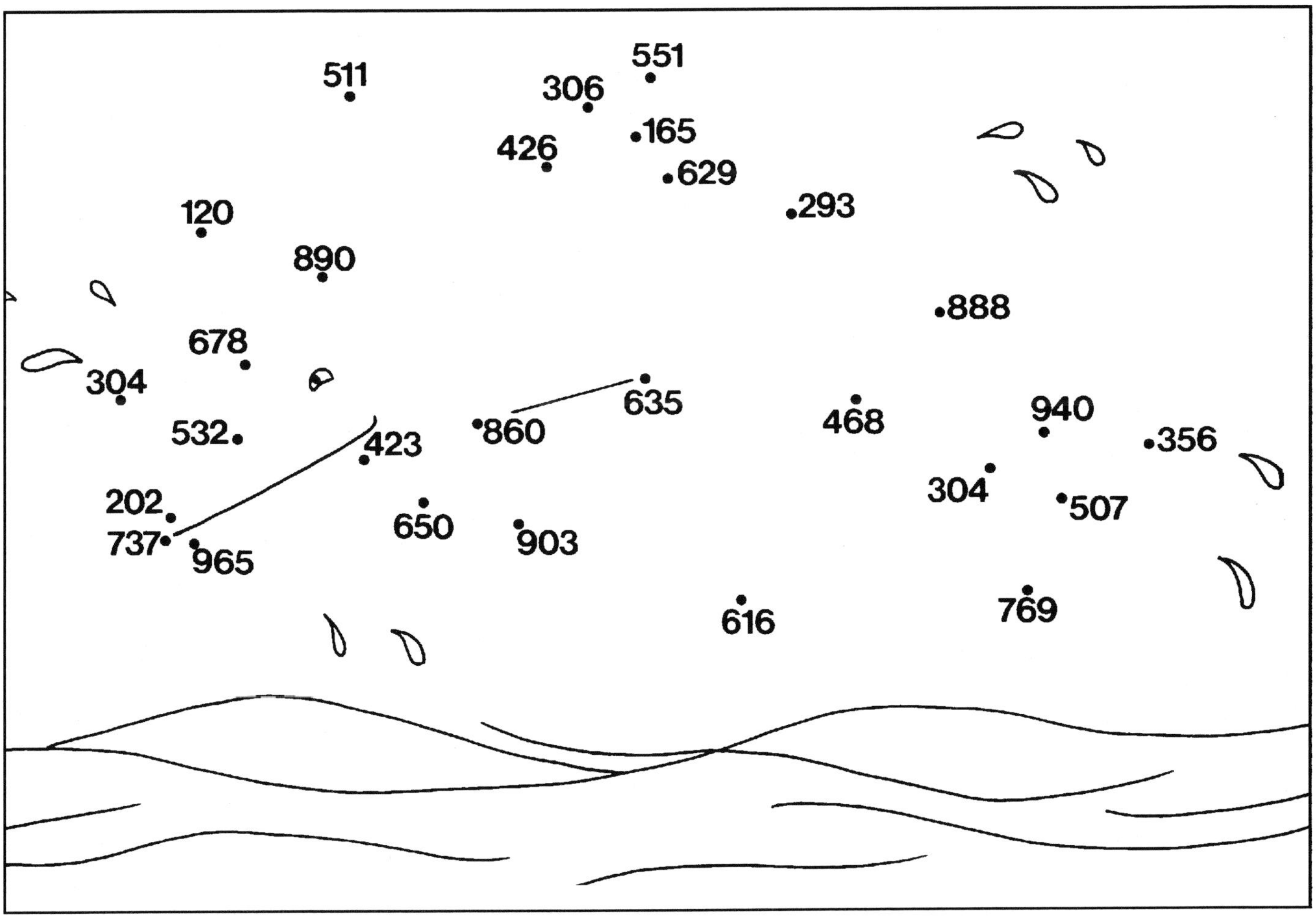

Persen ® Bergedorfer®
Best.-Nr. 2054

Male die Lösungsfelder an!

I. Schreibe zu jeder Zahl den Vorgänger auf.

1) , 438	2) , 457	3) , 556
4) , 327	5) , 667	6) , 434
7) , 269	8) , 550	9) , 901
10) , 637	11) , 110	12) , 303
13) , 587	14) , 482	15) , 746
16) , 640	17) , 800	18) , 229

II. Schreibe zu jeder Zahl den Nachfolger auf.

19) 589,	20) 211,	21) 405,
22) 376,	23) 132,	24) 399,
25) 299,	26) 976,	27) 804,
28) 845,	29) 328,	30) 397,
31) 679,	32) 807,	33) 609,
34) 417,	35) 798,	36) 476,

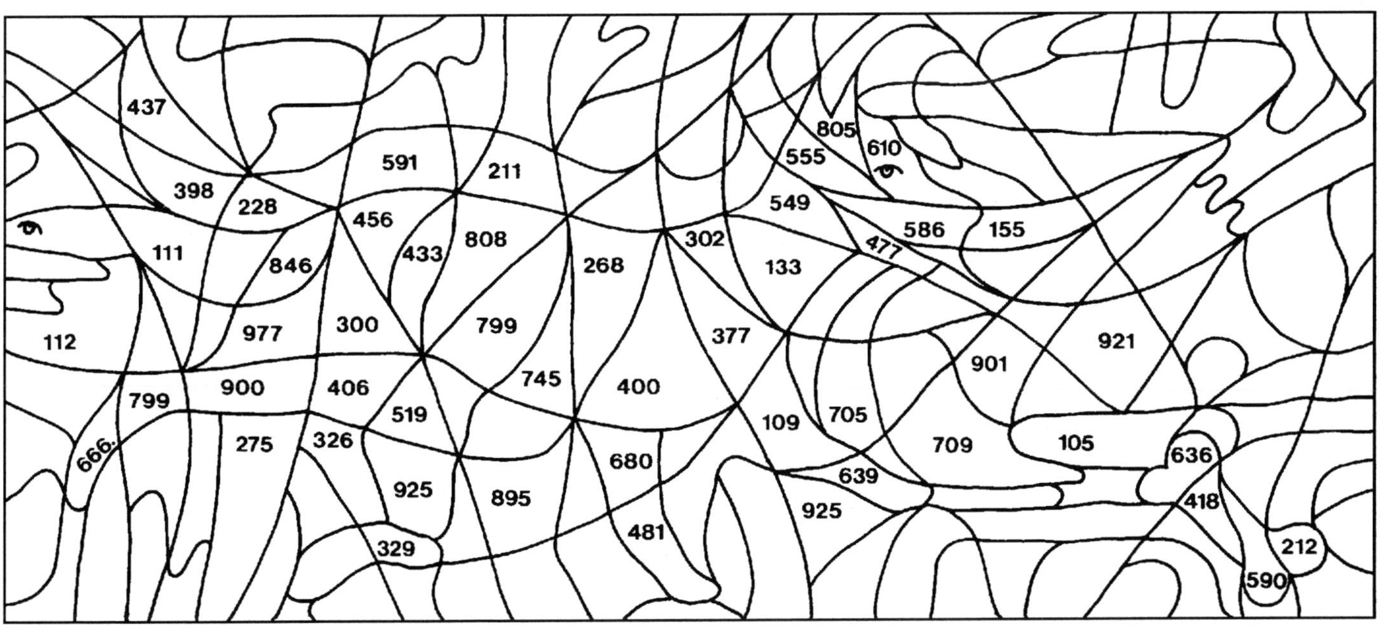

Persen ® Bergedorfer®
Best.-Nr. 2054

Male die Lösungsfelder an!

1) 300 + 500 =
600 + 300 =
200 + 300 =
700 + 100 =
400 + 300 =
100 + 300 =

2) = 300 + 600
= 100 + 700
= 500 + 200
= 100 + 400
= 200 + 200
= 400 + 200

3) 500 + = 900
100 + = 500
200 + = 800
100 + = 900
300 + = 1000
200 + = 700

4) 900 = 500 +
1000 = 300 +
600 = 200 +
800 = 100 +
700 = 200 +
900 = 300 +

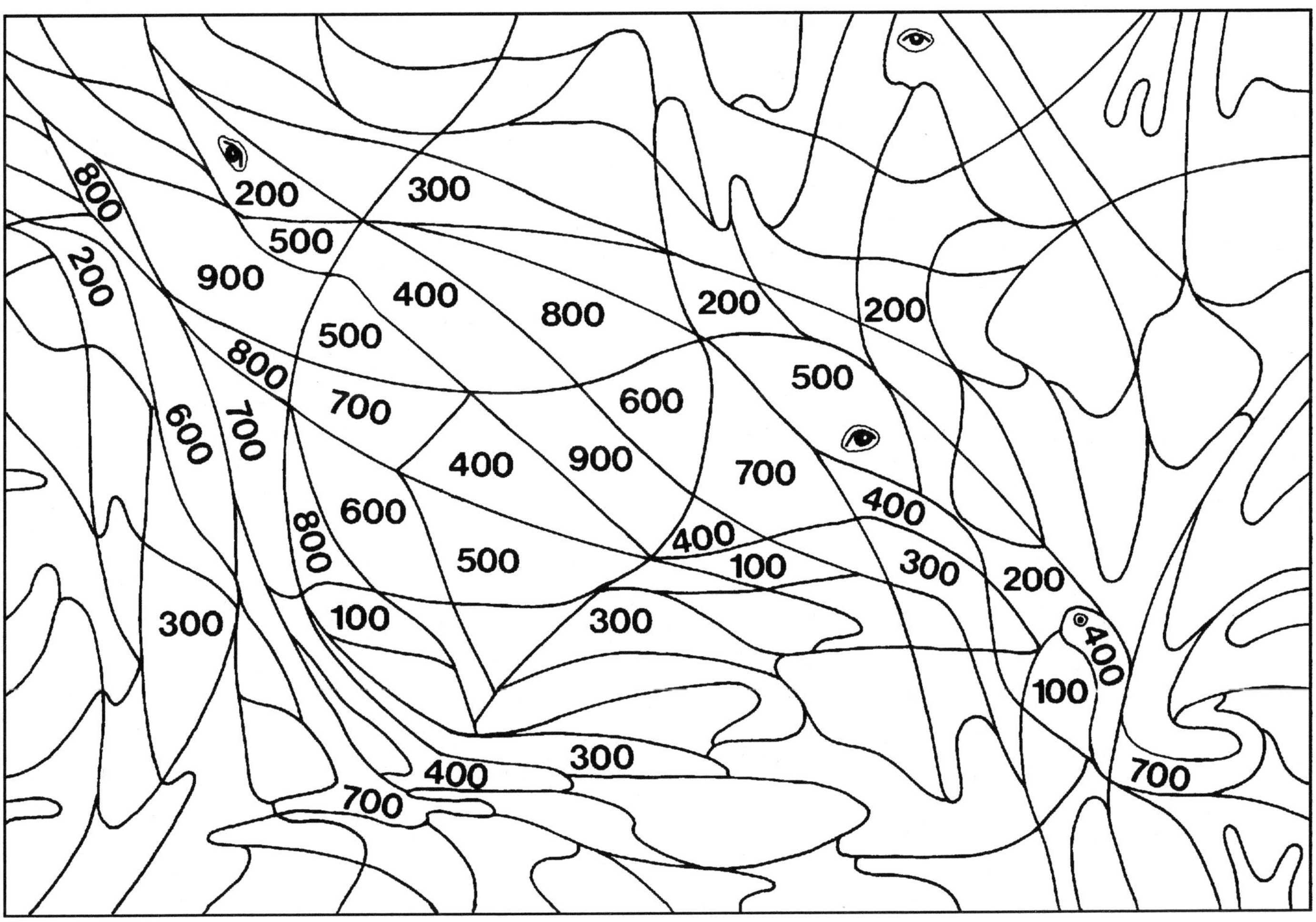

Persen® Bergedorfer®
Best.-Nr. 2054

Male die Lösungsfelder an!

1) 900 – 400 =
700 – 500 =
400 – 200 =
600 – 300 =
800 – 700 =
500 – 100 =

2) = 600 – 500
= 900 – 300
= 700 – 400
= 800 – 600
= 500 – 200
= 400 – 300

3) 800 – = 600
500 – = 100
900 – = 400
700 – = 600
600 – = 200
400 – = 100

4) 500 = 800 –
700 = 900 –
100 = 700 –
200 = 400 –
100 = 600 –
300 = 900 –

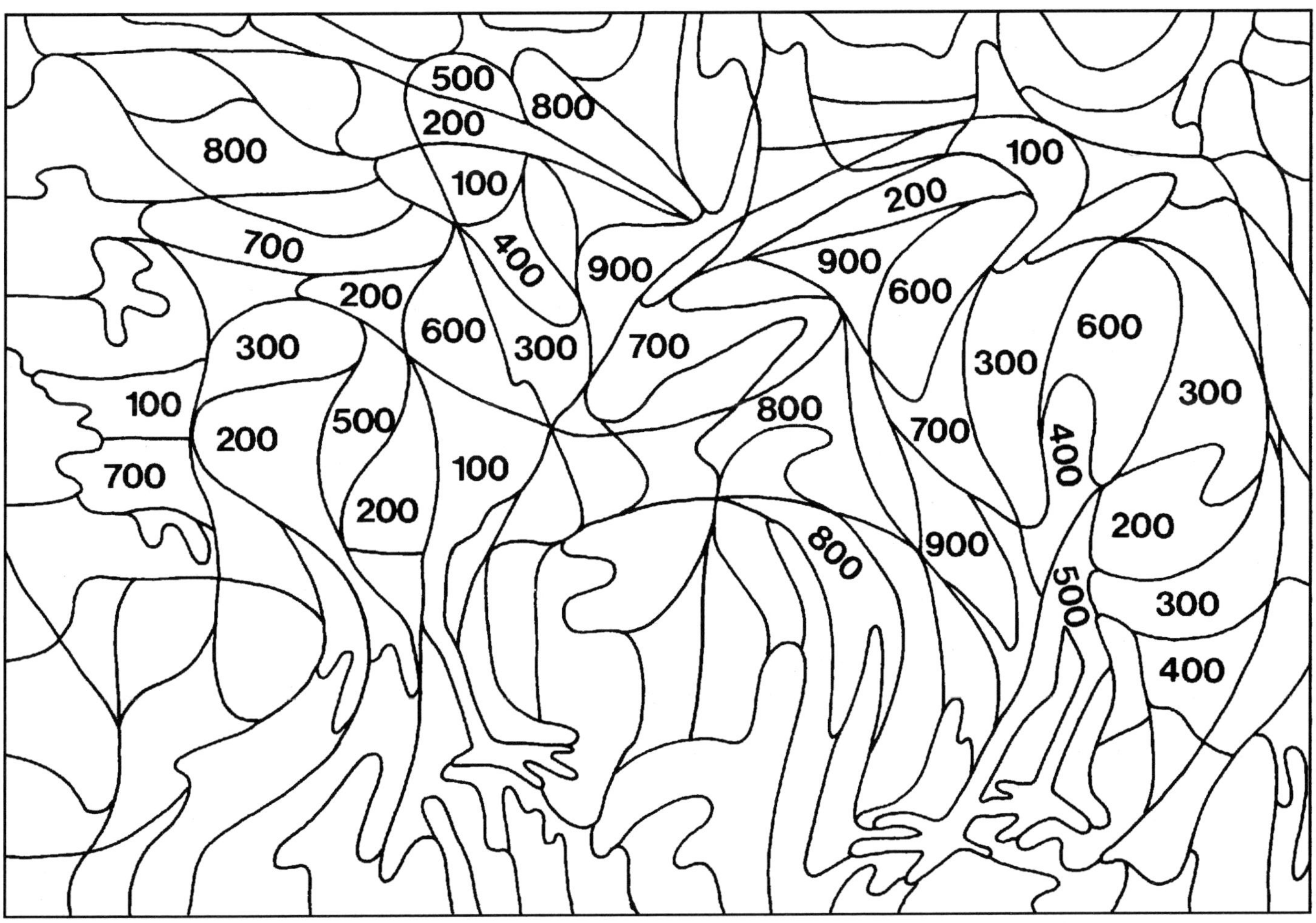

Persen® Bergedorfer®
Best.-Nr. 2054

Male die Lösungsfelder an!

Wie viel DM und Pf sind es?

1) 683 Pf =
421 Pf =
575 Pf =
294 Pf =
678 Pf =
399 Pf =

2) 504 Pf =
270 Pf =
86 Pf =
308 Pf =
70 Pf =
400 Pf =

3) 608 Pf =
725 Pf =
866 Pf =
999 Pf =
62 Pf =
1000 Pf =

4) 732 Pf =
467 Pf =
707 Pf =
280 Pf =
314 Pf =
162 Pf =

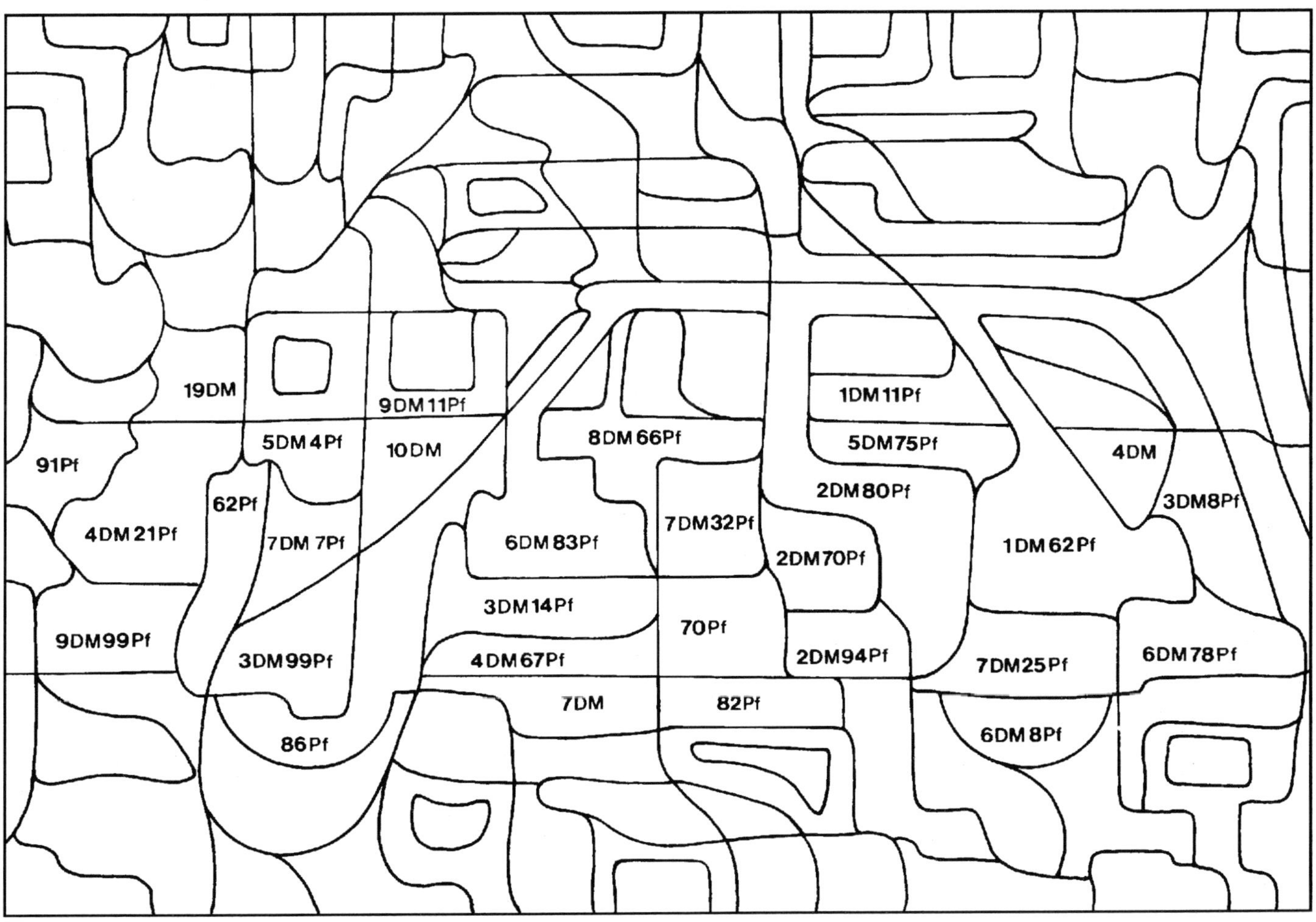

Bd. 42. Heiner Müller: Rechenblätter mit Selbstkontrolle – 3. Schuljahr

Bergedorfer®
Best.-Nr. 2054

Suche zu jeder Lösung den richtigen Buchstaben!

Schreibe mit Komma!

1)

4 DM 8 Pf = DM ◯
6 DM 15 Pf = DM ◯
5 DM 50 Pf = DM ◯
32 DM 23 Pf = DM ◯
3 DM 2 Pf = DM ◯
9 DM 56 Pf = DM ◯

2)

8 DM 1 Pf = DM ◯
75 Pf = DM ◯
3 DM = DM ◯
5 DM 11 Pf = DM ◯
5 Pf = DM ◯
10 DM 2 Pf = DM ◯

3)

4 DM 52 Pf = DM ◯
2 DM 35 Pf = DM ◯
7 DM 13 Pf = DM ◯
12 DM 69 Pf = DM ◯
6 DM 26 Pf = DM ◯
9 DM 84 Pf = DM ◯

4)

5 DM 53 Pf = DM ◯
25 DM 91 Pf = DM ◯
4 DM 59 Pf = DM ◯
7 DM 68 Pf = DM ◯
13 DM 49 Pf = DM ◯
2 DM 55 Pf = DM ◯

Bergedorfer®
Best.-Nr. 2054

Verbinde die Punkte in der Reihenfolge der Aufgaben!

1) 549 + 8 =
2) 749 + 8 =
3) 162 + 30 =
4) 662 + 30 =
5) 313 + 14 =
6) 713 + 14 =
7) 523 + 31 =
8) 832 + 16 =
9) 954 + 7 =
10) 184 + 7 =
11) 418 + 17 =
12) 731 + 25 =

13) 928 + 52 =
14) 319 + 38 =
15) 426 + 44 =
16) 183 + 9 =
17) 628 + 70 =
18) 461 + 26 =
19) 908 + 69 =
20) 711 + 51 =
21) 555 + 19 =
22) 308 + 85 =
23) 619 + 6 =
24) 228 + 37 =

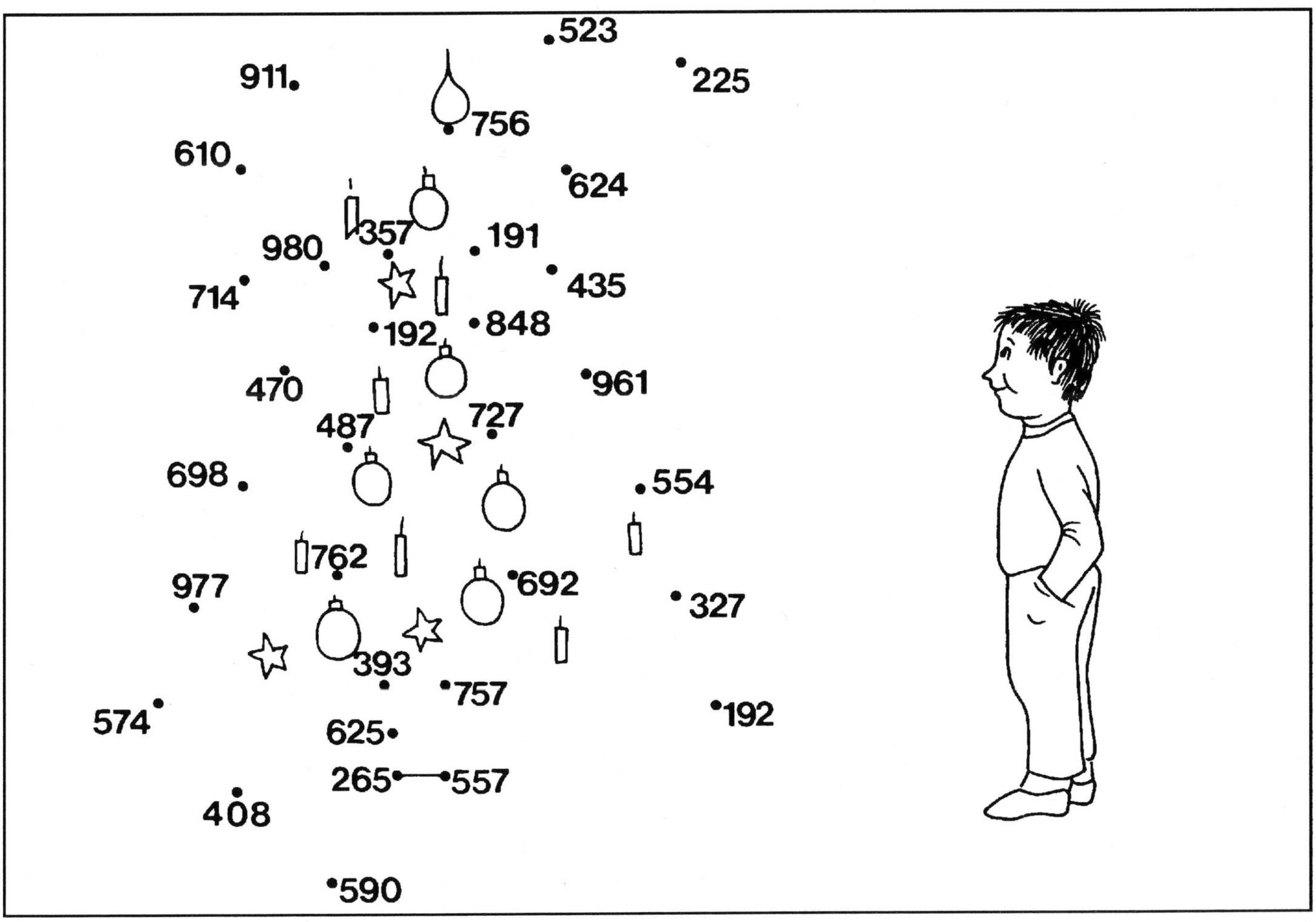

Bergedorfer®
Best.-Nr. 2054

Verbinde die Punkte in der Reihenfolge der Aufgaben!

1) 63 – 9 =
2) 163 – 9 =
3) 259 – 30 =
4) 759 – 30 =
5) 943 – 14 =
6) 243 – 24 =
7) 483 – 24 =
8) 731 – 19 =
9) 685 – 32 =
10) 573 – 46 =
11) 331 – 30 =
12) 672 – 17 =
13) 323 – 14 =
14) 881 – 6 =
15) 959 – 38 =
16) 474 – 44 =
17) 681 – 23 =
18) 845 – 15 =
19) 432 – 20 =
20) 184 – 63 =
21) 936 – 17 =
22) 562 – 31 =
23) 247 – 24 =
24) 777 – 59 =

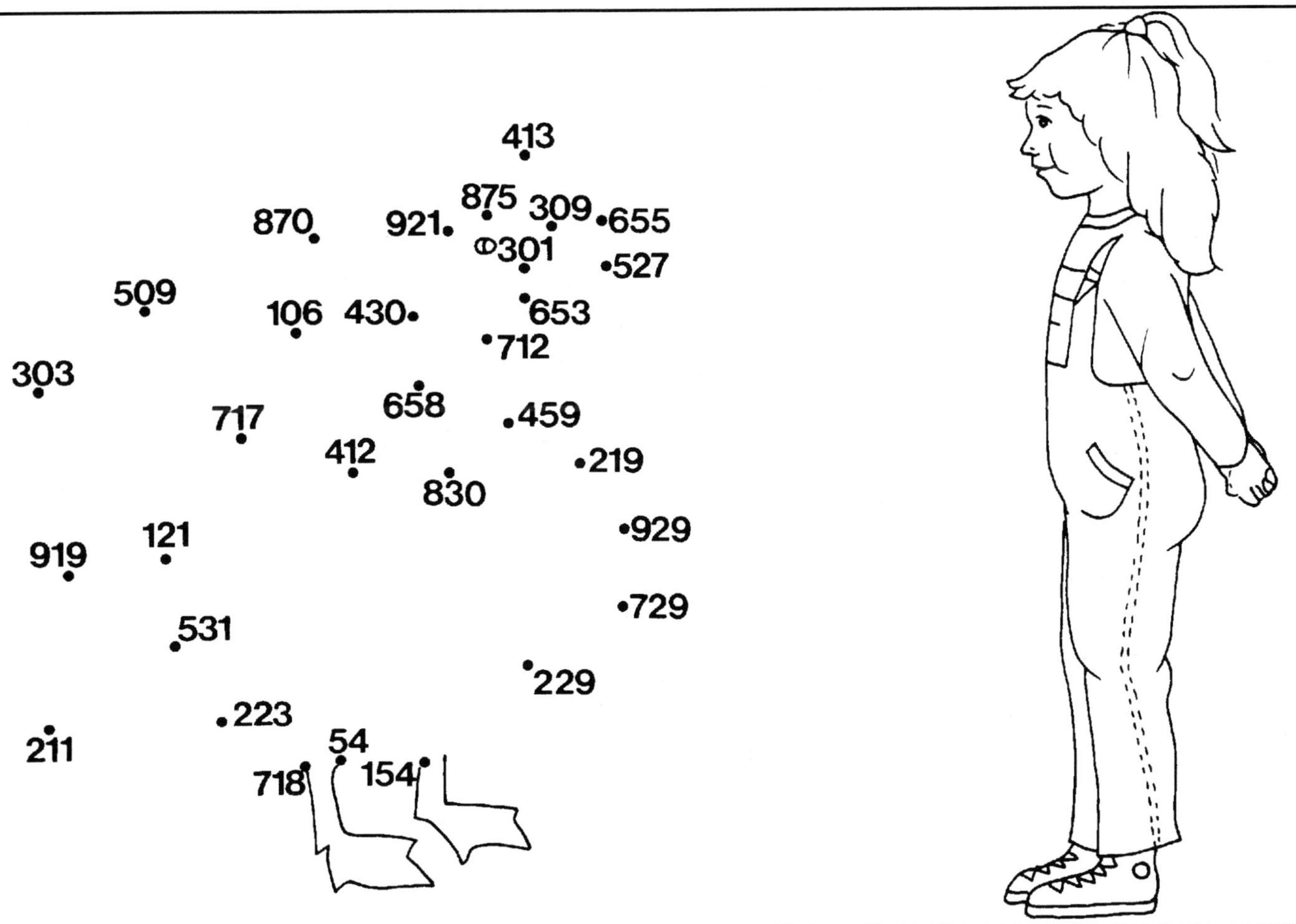

Bd. 42. Heiner Müller: Rechenblätter mit Selbstkontrolle – 3. Schuljahr

Bergedorfer®
Best.-Nr. 2054

Male die Lösungsfelder an!

1) 195 + 7 =
297 + 4 =
396 + 6 =
594 + 8 =
899 + 9 =

2) 160 + 50 =
380 + 60 =
490 + 70 =
630 + 80 =
570 + 40 =

3) 191 + 10 =
695 + 10 =
493 + 10 =
597 + 10 =
796 + 10 =

4) 290 + = 320
580 + = 630
160 + = 220
570 + = 610
850 + = 940

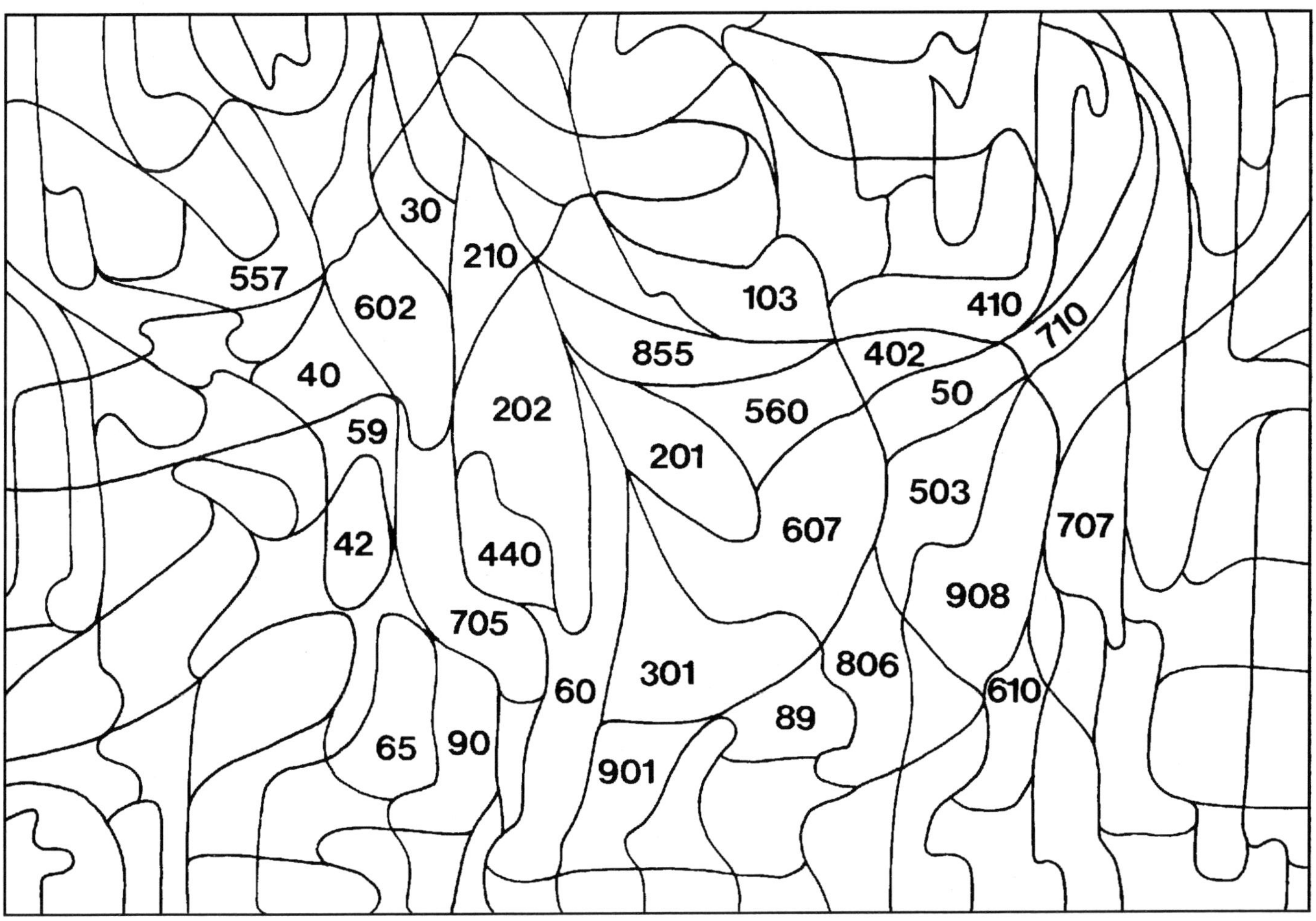

Bergedorfer®
Best.-Nr. 2054

Finde die richtigen Buchstaben!

1) 179 + 31 =	□	2) 235 + 71 =	□
298 + 12 =	□	528 + 82 =	□
489 + 41 =	□	455 + 53 =	□
682 + 38 =	□	846 + 65 =	□
175 + 40 =	□	719 + 92 =	□
3) 548 + = 628	□	4) 387 + = 403	□
463 + = 513	□	276 + = 309	□
282 + = 322	□	553 + = 601	□
896 + = 966	□	469 + = 510	□
394 + = 414	□	744 + = 805	□
481 + = 511	□	167 + = 202	□

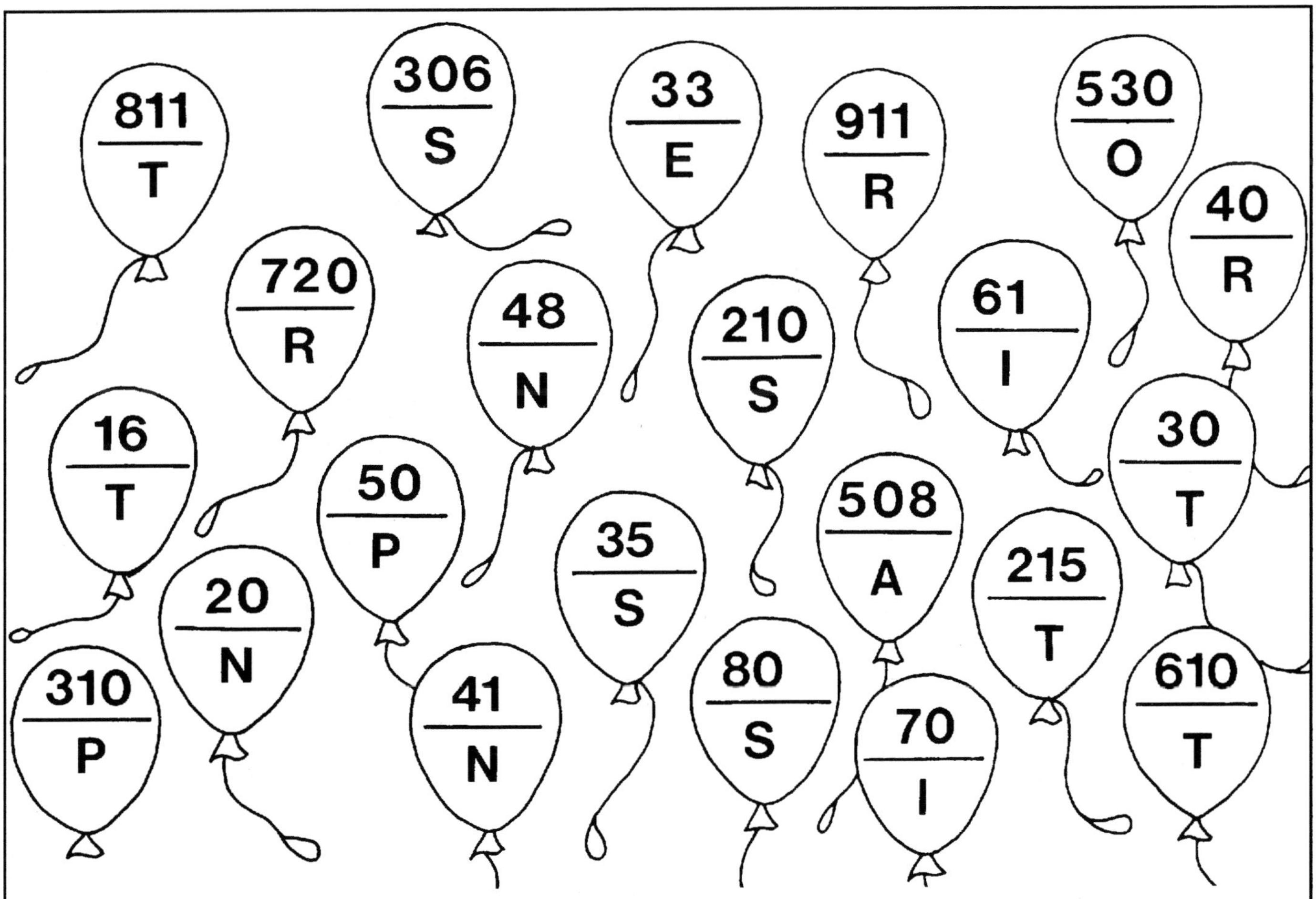

Persen® Bergedorfer® Best.-Nr. 2054

Male die Ergebnisse nach dem Rechnen verschiedenfarbig an:

braun:

1) 504 − 6 =
402 − 3 =
601 − 5 =
805 − 7 =
303 − 4 =

gelb:

2) 630 − 50 =
450 − 60 =
370 − 90 =
510 − 40 =
920 − 70 =

blau:

3) 206 − 10 =
403 − 10 =
601 − 10 =
805 − 10 =
504 − 10 =
307 − 10 =

grün:

4) 801 − = 796
503 − = 495
602 − = 598
405 − = 396
201 − = 199
306 − = 299

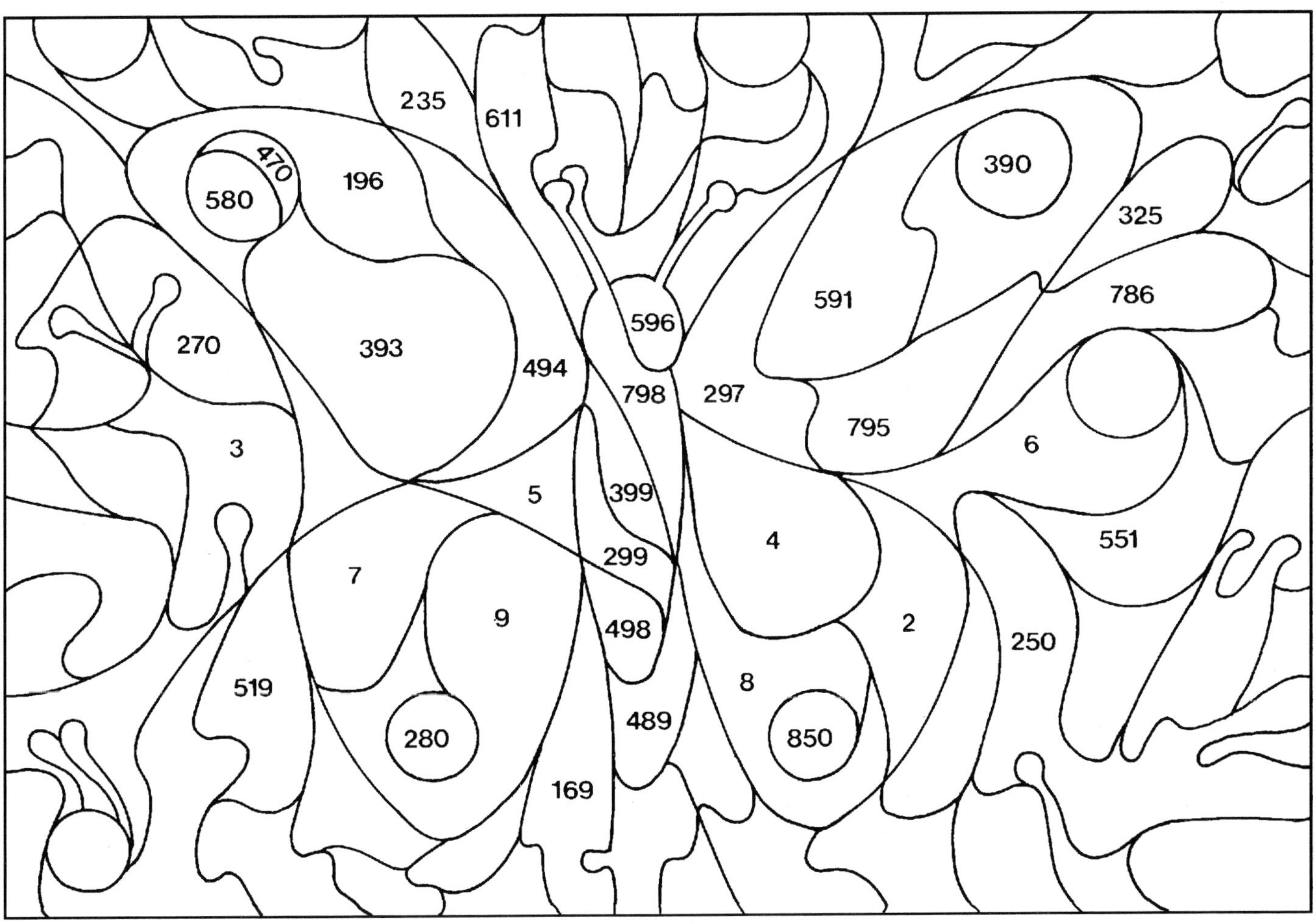

Bergedorfer® Best.-Nr. 2054

Verbinde die Punkte in der Reihenfolge der Aufgaben!

1) 375 – 81 =
467 – 73 =
518 – 22 =
672 – 82 =
256 – 63 =

2) 344 – 53 =
859 – 67 =
424 – 31 =
747 – 55 =
536 – 42 =

3) 317 – = 287
625 – = 575
244 – = 164
909 – = 889
424 – = 364

4) 417 – = 398
838 – = 795
666 – = 590
919 – = 896
258 – = 191

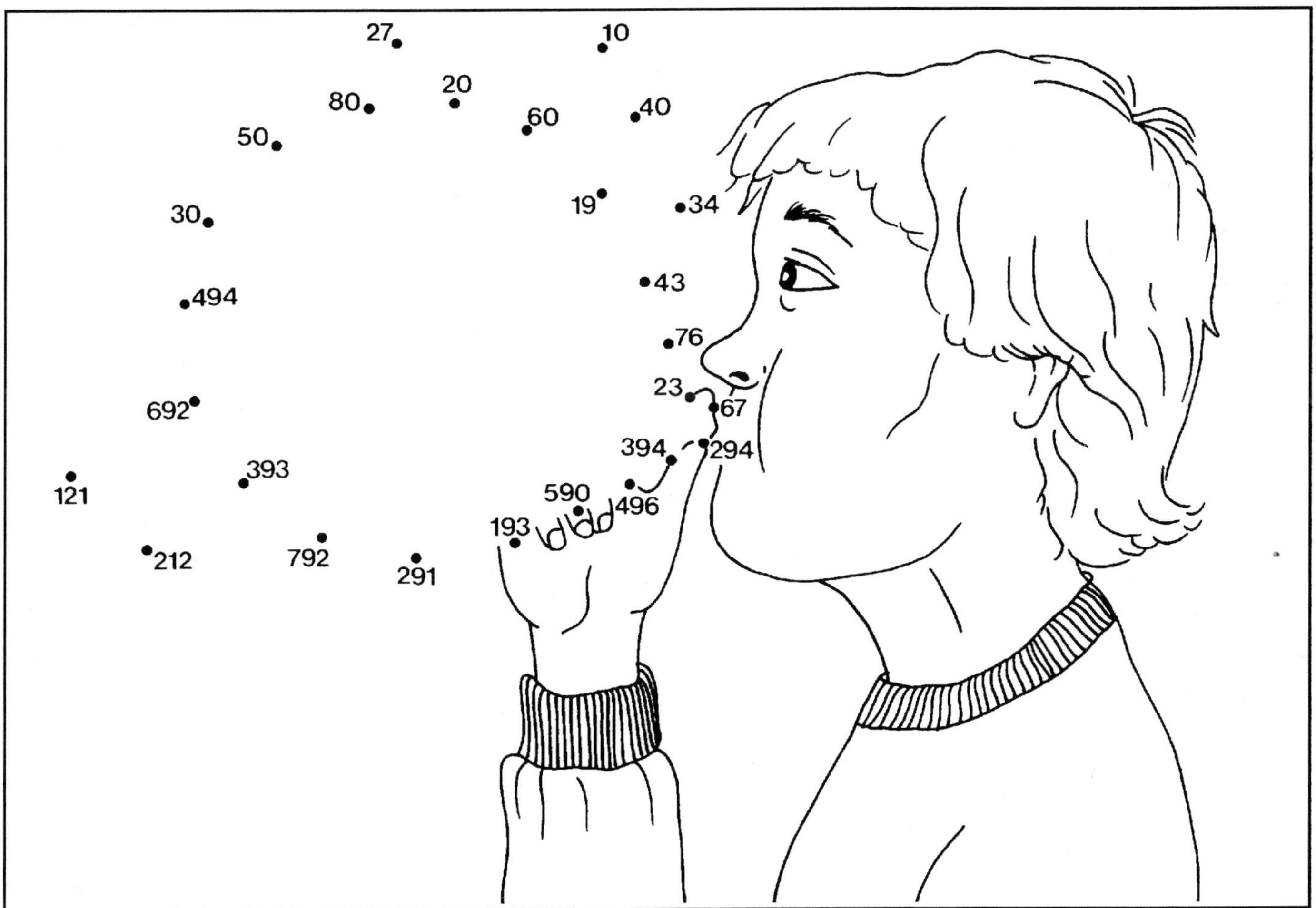

Persen® Bergedorfer®
Best.-Nr. 2054

Finde die richtigen Buchstaben!

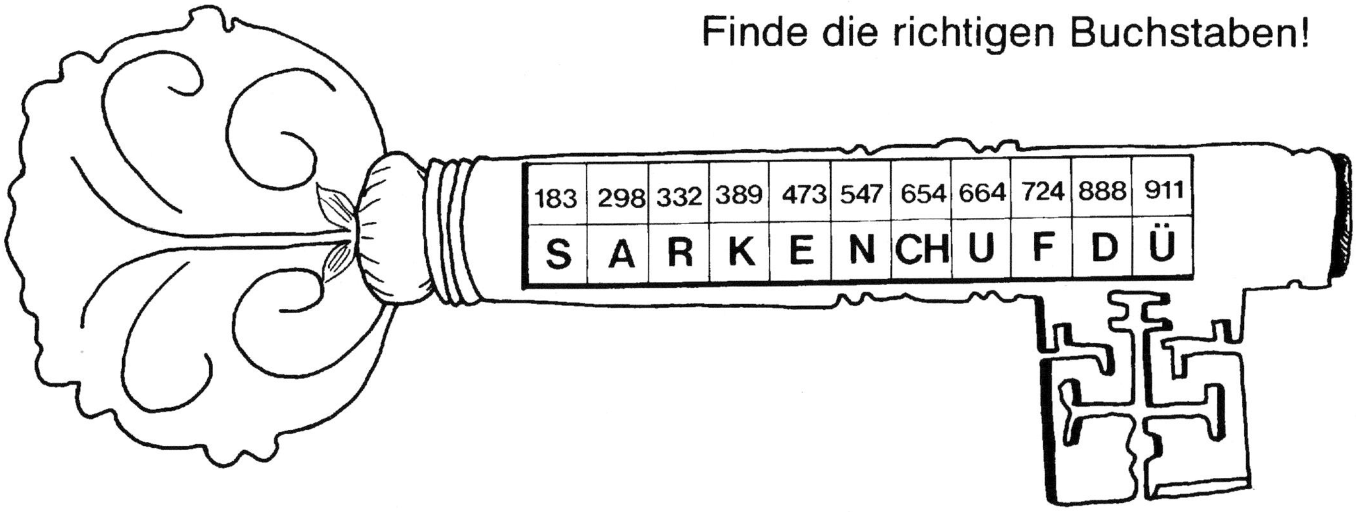

183	298	332	389	473	547	654	664	724	888	911
S	A	R	K	E	N	CH	U	F	D	Ü

1) 856 + 32 =
2) 243 + 55 =
3) 524 + 23 =
4) 338 + 51 =
5) 409 + 64 =
6) 743 − 19 =
7) 976 − 65 =
8) 385 − 53 =
9) 899 − 11 =
10) 321 − 23 =

Rechne geschickt!

11) 153 + 26 + 4 =
12) 248 + 44 + 6 =
13) 624 + 32 + 8 =
14) 103 + 71 + 9 =
15) 302 + 23 + 7 =
16) 493 − 12 − 8 =
17) 684 − 29 − 1 =
18) 597 − 43 − 7 =
19) 493 − 12 − 8 =
20) 587 − 38 − 2 =

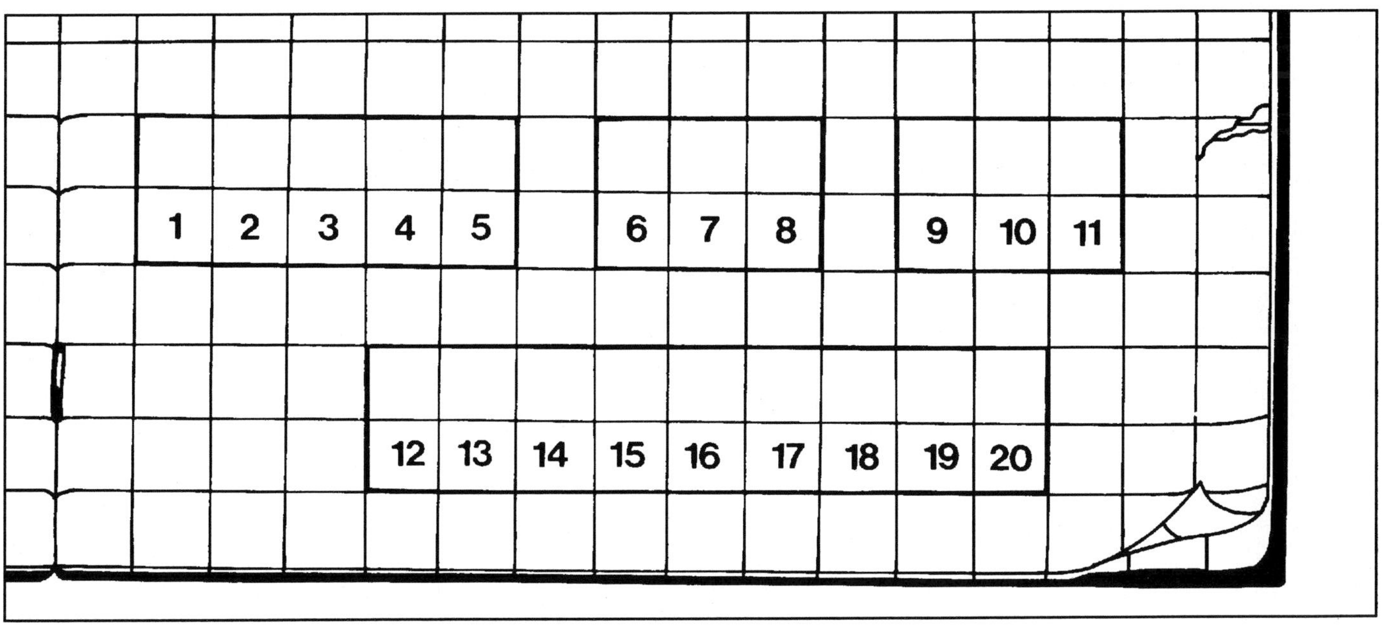

Bd. 42. Heiner Müller: Rechenblätter mit Selbstkontrolle – 3. Schuljahr

Bergedorfer®
Best.-Nr. 2054

Suche zu jeder Lösung den richtigen Buchstaben!

1) Heiko hat auf seinem Sparbuch 348 DM. Er hebt 85 DM ab, um sich ein Funksprechgerät zu kaufen. Wie viel Geld hat er noch auf dem Sparbuch?

O

2) Frau Lustig hat schon 285 DM ausgegeben. Nun kauft sie noch eine Hose für 62 DM. Wie viel hat sie jetzt insgesamt ausgegeben?

W

3) Vor dem Tanken hat Herr Neulich 139 DM im Portemonnaie. Er tankt für 65 DM. Wie viel hat er danach noch?

Y

4) Familie Sommer nimmt 988 DM Bargeld mit in den Urlaub. Sie bringen 91 DM zurück. Wie viel haben sie ausgegeben?

C

5) Ein Bekleidungsgeschäft macht Räumungsverkauf.
   a) Ein Anzug, der sonst 438 DM kostete, wird nun für 367 DM angeboten. Wie viel ist er billiger geworden?

O

   b) Ein Kleid kostete 256 DM. Nun kostet es nur noch 175 DM. Wie viel wurde das Kleid billiger?

B

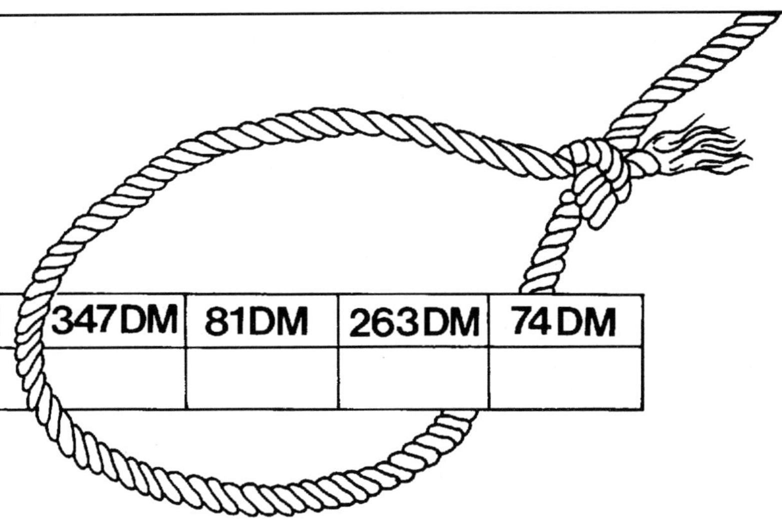

897 DM	71 DM	347 DM	81 DM	263 DM	74 DM

Persen® Bergedorfer®
Best.-Nr. 2054

Verbinde die Punkte in der Reihenfolge der Aufgaben!

Schreibe als m und cm!

1) 316 cm =	2) 400 cm =
25 cm =	2 cm =
189 cm =	375 cm =
63 cm =	101 cm =
523 cm =	86 cm =
6 cm =	799 cm =
800 cm =	4 cm =
903 cm =	10 cm =
15 cm =	500 cm =
347 cm =	602 cm =
3 cm =	1 cm =
999 cm =	1000 cm =

Bergedorfer®
Best.-Nr. 2054

Male die Lösungsfelder in den angegebenen Farben an!

Schreibe als mm!

gelb: 1) 4 cm =
12 cm =
8 cm =
63 cm =
56 cm =

braun: 2) 6 dm =
5 dm =
2 dm =
9 dm =
4 dm =

schwarz 3) 30 cm 3 mm =
5 cm 8 mm =
10 cm 2 mm =
1 cm 1 mm =
5 cm 4 mm =

Schreibe als cm und mm!

blau: 4) 77 mm =
35 mm =
48 mm =
95 mm =
22 mm =

rot: 5) 55 mm =
105 mm =
66 mm =
3 mm =
410 mm =

grün: 6) 29 mm =
229 mm =
9 mm =
500 mm =
50 mm =

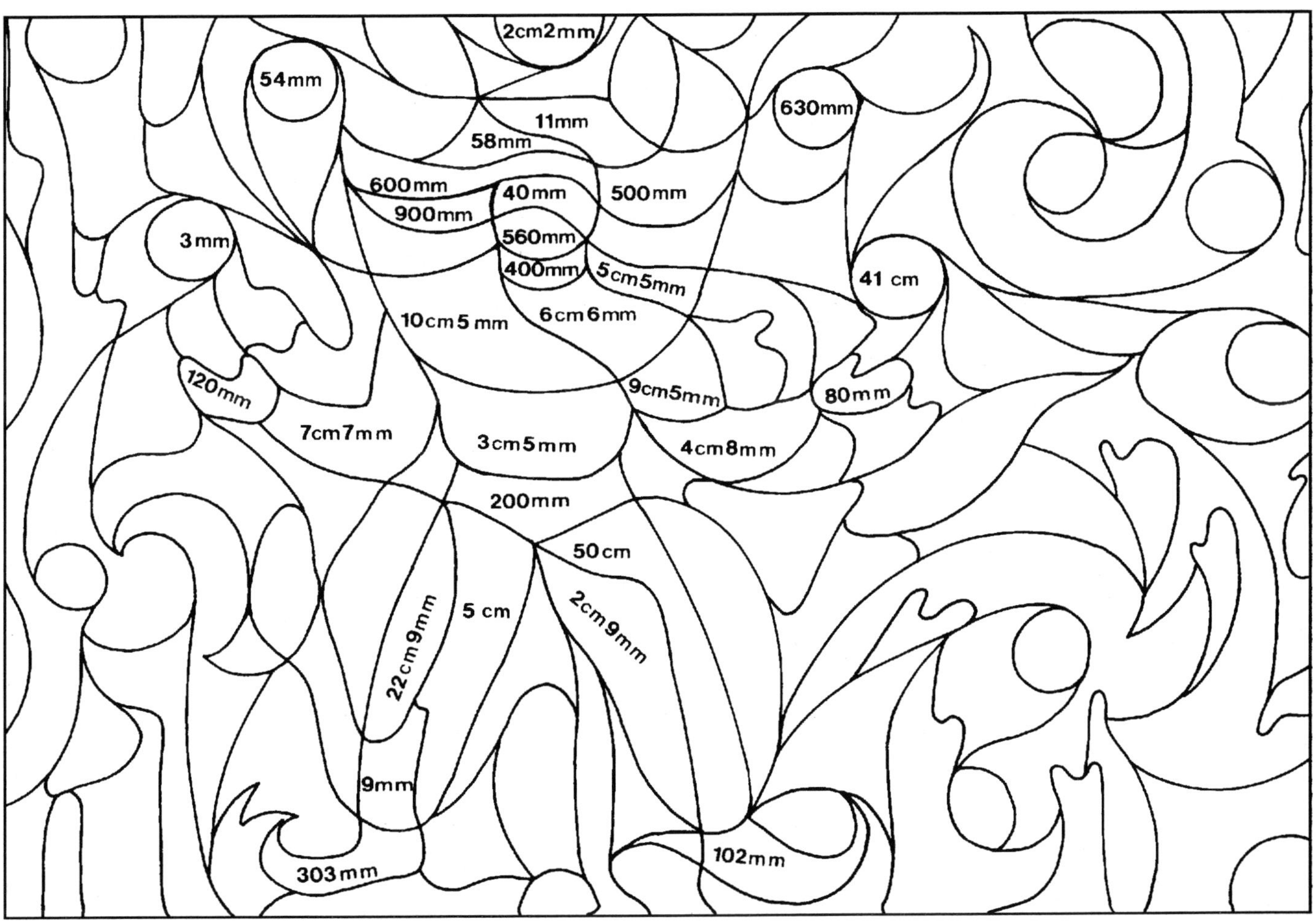

Bergedorfer®
Best.-Nr. 2054

Verbinde die Punkte in der Reihenfolge der Aufgaben!

Ergänze zu 1 km!	Schreibe mit Komma!
1) 580 m + ____ m = 1 km	13) 18 km 600 m = ____ km
2) 760 m + ____ m = 1 km	14) 5 km 301 m = ____ km
3) 50 m + ____ m = 1 km	15) 0 km 150 m = ____ km
4) 400 m + ____ m = 1 km	16) 10 km 20 m = ____ km
5) 901 m + ____ m = 1 km	17) 16 km 850 m = ____ km
6) 222 m + ____ m = 1 km	18) 9 km 140 m = ____ km
7) 7 m + ____ m = 1 km	19) 0 km 30 m = ____ km
8) 999 m + ____ m = 1 km	20) 7 km 999 m = ____ km
9) 605 m + ____ m = 1 km	21) 4 km 500 m = ____ km
10) 790 m + ____ m = 1 km	22) 20 km 200 m = ____ km
11) 100 m + ____ m = 1 km	23) 11 km 111 m = ____ km
12) 30 m + ____ m = 1 km	24) 6 km 370 m = ____ km

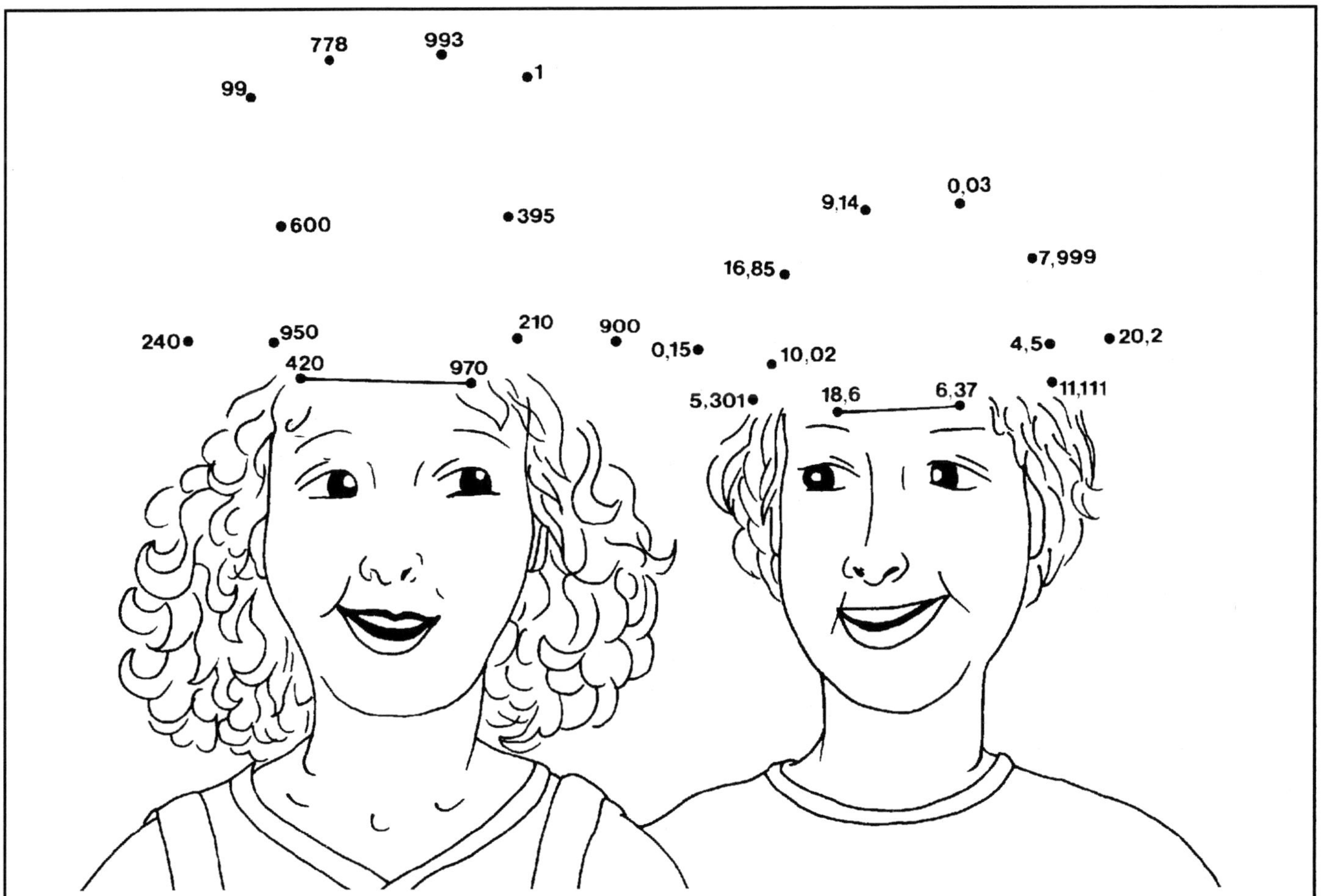

Bergedorfer®
Best.-Nr. 2054

Wie groß ist der Umfang? Schreibe als mm!

Male die Lösungsfelder an!

1)

mm

2)

mm

3)

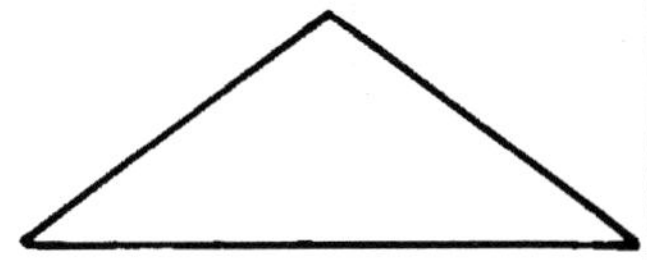

mm

4)

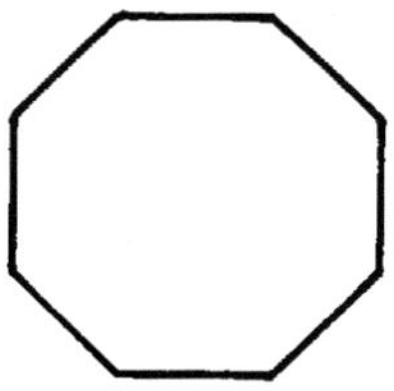

mm

5)

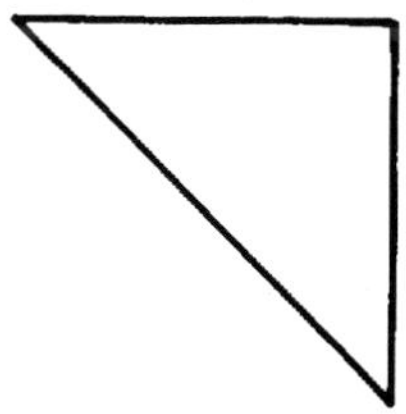

mm

6)

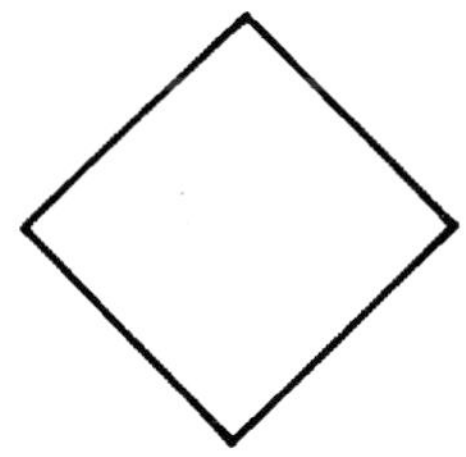

mm

7)

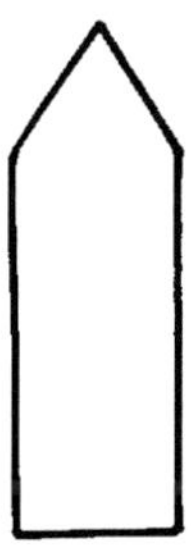

mm

8)

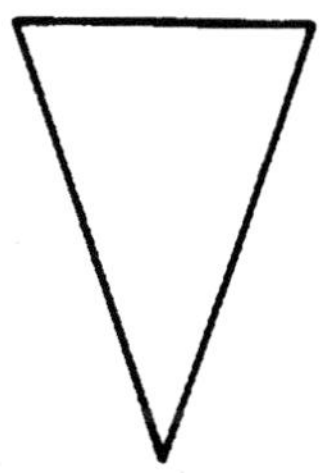

mm

9)

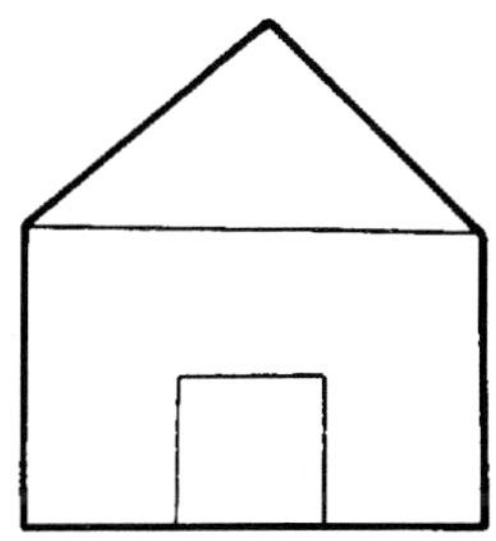

mm

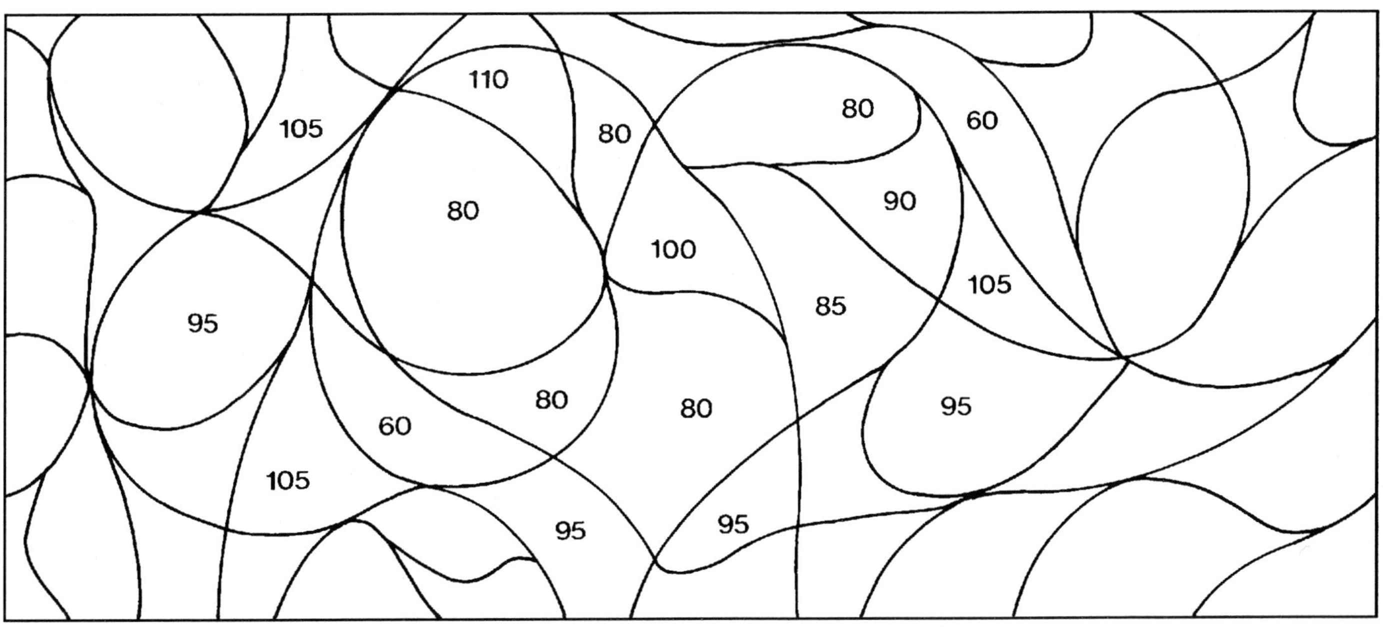

Bd. 42. Heiner Müller: Rechenblätter mit Selbstkontrolle – 3. Schuljahr

Bergedorfer®
Best.-Nr. 2054

Male die Lösungsfelder an!

1) 280 : 40 =
2) 360 : 60 =
3) 810 : 90 =
4) 150 : 30 =
5) 400 : 50 =
6) 80 : 20 =
7) 210 : 70 =
8) 100 : 10 =
9) 160 : 80 =
10) 20 : 20 =

11) 250 : 50 + 8 =
12) 720 : 80 + 6 =

13) 450 : = 9
14) 320 : = 8
15) 120 : = 6
16) 490 : = 7
17) 270 : = 9
18) 240 : = 4
19) 80 : = 8
20) 560 : = 7
21) 100 : = 1
22) 630 : = 7

23) 180 : 20 + 9 =
24) 420 : 70 + 10 =

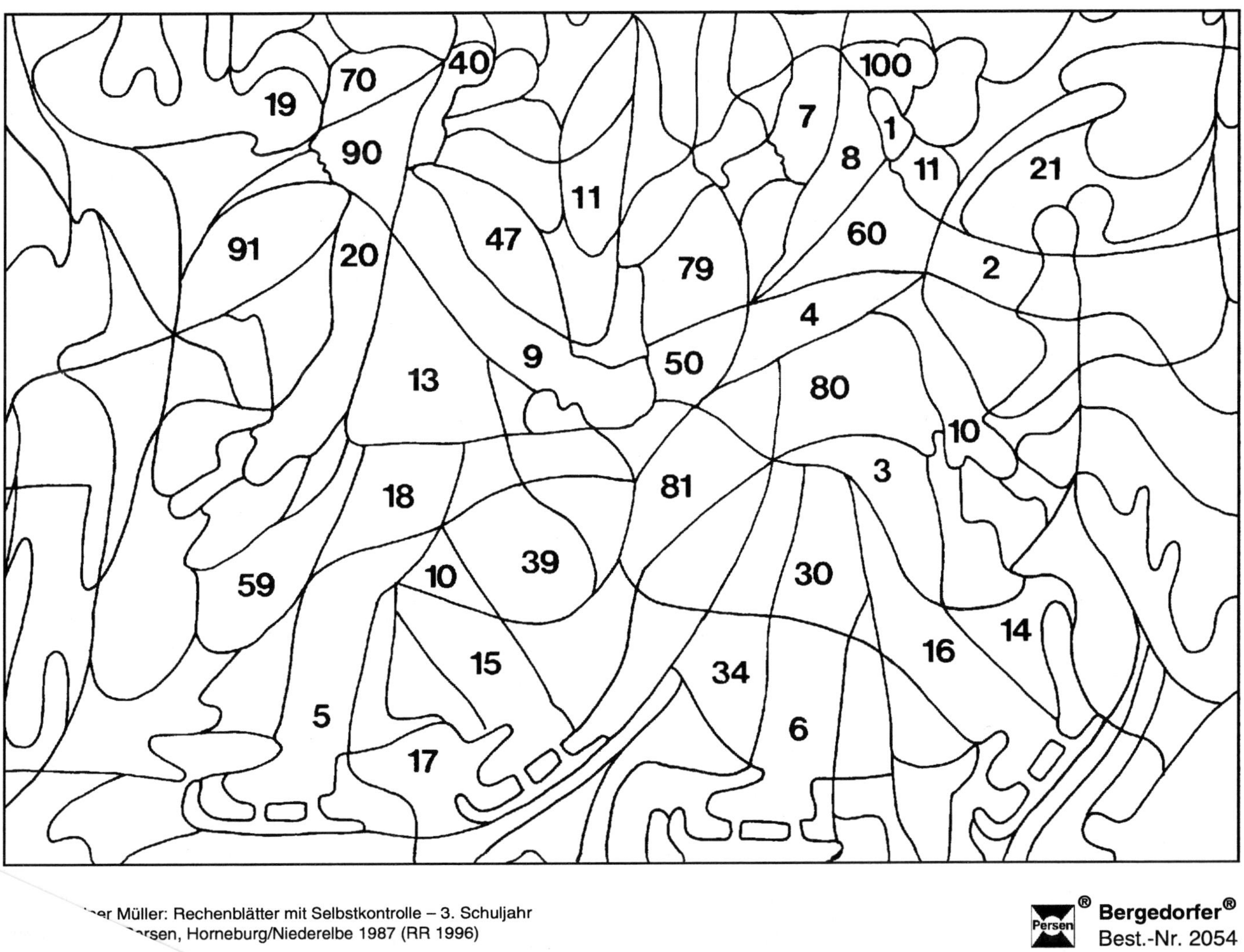

...er Müller: Rechenblätter mit Selbstkontrolle – 3. Schuljahr
...rsen, Horneburg/Niederelbe 1987 (RR 1996)
Bergedorfer®
Best.-Nr. 2054

Suche zu jeder Lösung den richtigen Buchstaben!

Wie viele Tage liegen dazwischen?

1) Zwischen dem 29. Januar und dem 15. Februar? ☐

2) Zwischen dem 16. März und dem 1. April? ☐

3) Zwischen dem 16. Mai und dem 30. Mai? ☐

4) Zwischen dem 9. August und dem 17. August? ☐

5) Zwischen dem 26. November und dem 24. Dezember? ☐

6) Wie viele Tage sind es?

a) 10 Wochen = ☐
6 Wochen = ☐
3 Wochen = ☐
4 Wochen = ☐

b) 3 Wochen 2 Tage = ☐
2 Wochen 2 Tage = ☐
9 Wochen 1 Tag = ☐
5 Wochen 7 Tage = ☐

Bd. 42. Heiner Müller: Rechenblätter mit Selbstkontrolle – 3. Schuljahr

Bergedorfer® Best.-Nr. 2054

Verbinde die Punkte in der Reihenfolge der Aufgaben!

Punktrechnung geht vor Strichrechnung!

1) $3 + 2 \cdot 4 =$
2) $2 + 8 \cdot 5 =$
3) $6 + 5 \cdot 3 =$
4) $5 + 4 \cdot 6 =$
5) $7 + 6 \cdot 2 =$
6) $8 + 6 \cdot 7 =$
7) $14 - 3 \cdot 3 =$
8) $28 - 4 \cdot 5 =$
9) $18 - 7 \cdot 2 =$
10) $25 - 6 \cdot 3 =$
11) $30 - 3 \cdot 9 =$
12) $21 - 5 \cdot 3 =$
13) $15 + 36 : 4 =$
14) $20 + 25 : 5 =$
15) $37 + 18 : 3 =$
16) $15 + 30 : 6 =$
17) $26 + 14 : 7 =$
18) $42 + 16 : 4 =$
19) $29 + 10 : 2 =$
20) $16 - 8 : 4 =$
21) $25 - 12 : 6 =$
22) $36 - 24 : 4 =$
23) $21 - 20 : 5 =$
24) $13 - 9 : 3 =$

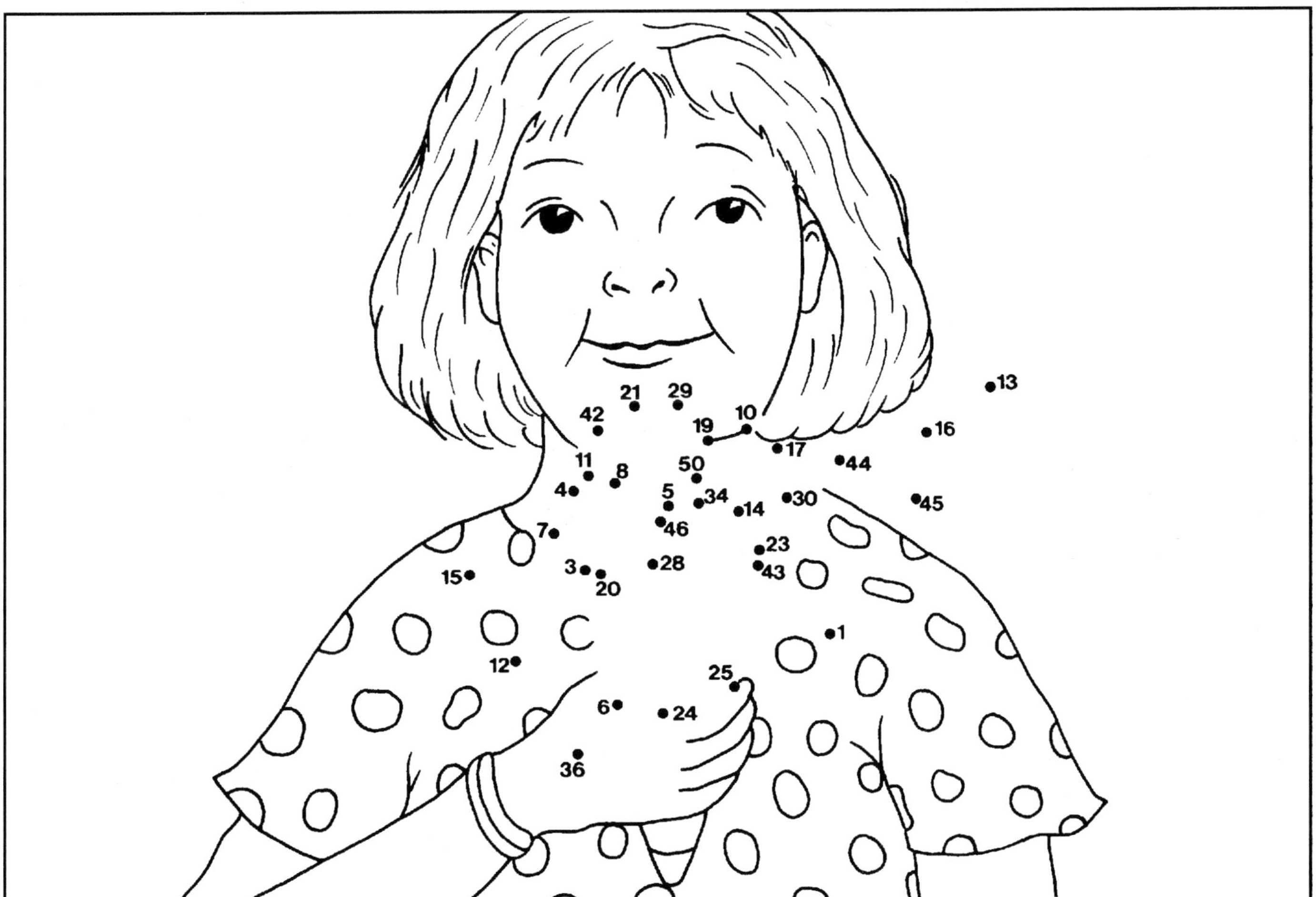

Bd. 42. Heiner Müller: Rechenblätter mit Selbstkontrolle – 3. Schuljahr

Bergedorfer®
Best.-Nr. 2054

Male die Lösungsfelder an!

1) 7 · 60 =
2) 8 · 40 =
3) 3 · 80 =
4) 4 · 70 =
5) 9 · 20 =
6) 4 · 80 =
7) 8 · 90 =
8) 8 · 30 =
9) 7 · 50 =
10) 5 · 90 =

11) 6 · = 240
12) 3 · = 210
13) 2 · = 80
14) 4 · = 200
15) 9 · = 270
16) 8 · = 480
17) 10 · = 300
18) 5 · = 250
19) 7 · = 490
20) 6 · = 420

21) 4 · 5 · 10 =
22) 3 · 3 · 10 =

23) 10 · 7 · 3 =
24) 10 · 5 · 8 =

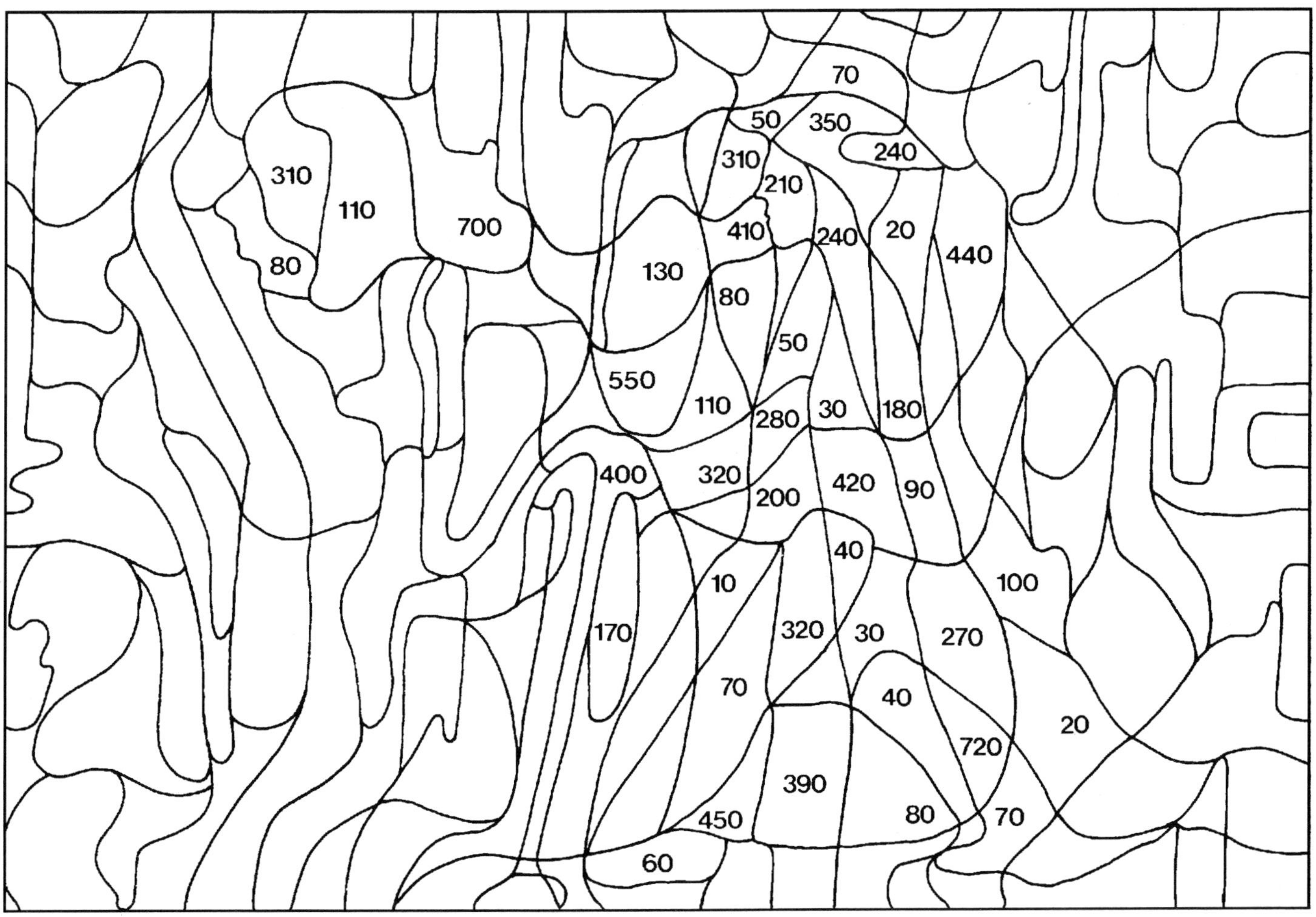

Bd. 42. Heiner Müller: Rechenblätter mit Selbstkontrolle – 3. Schuljahr

Bergedorfer®
Best.-Nr. 2054

Verbinde die Punkte in der Reihenfolge der Aufgaben!

Ergänze zu 1 Kilogramm!

1) 946 g +	g = 1 kg	13) 515 g +	g = 1 kg
2) 512 g +	g = 1 kg	14) 250 g +	g = 1 kg
3) 750 g +	g = 1 kg	15) 6 g +	g = 1 kg
4) 903 g +	g = 1 kg	16) 487 g +	g = 1 kg
5) 666 g +	g = 1 kg	17) 261 g +	g = 1 kg
6) 730 g +	g = 1 kg	18) 50 g +	g = 1 kg
7) 488 g +	g = 1 kg	19) 500 g +	g = 1 kg
8) 10 g +	g = 1 kg	20) 330 g +	g = 1 kg
9) 254 g +	g = 1 kg	21) 486 g +	g = 1 kg
10) 300 g +	g = 1 kg	22) 983 g +	g = 1 kg
11) 61 g +	g = 1 kg	23) 101 g +	g = 1 kg
12) 902 g +	g = 1 kg	24) 2 g +	g = 1 kg

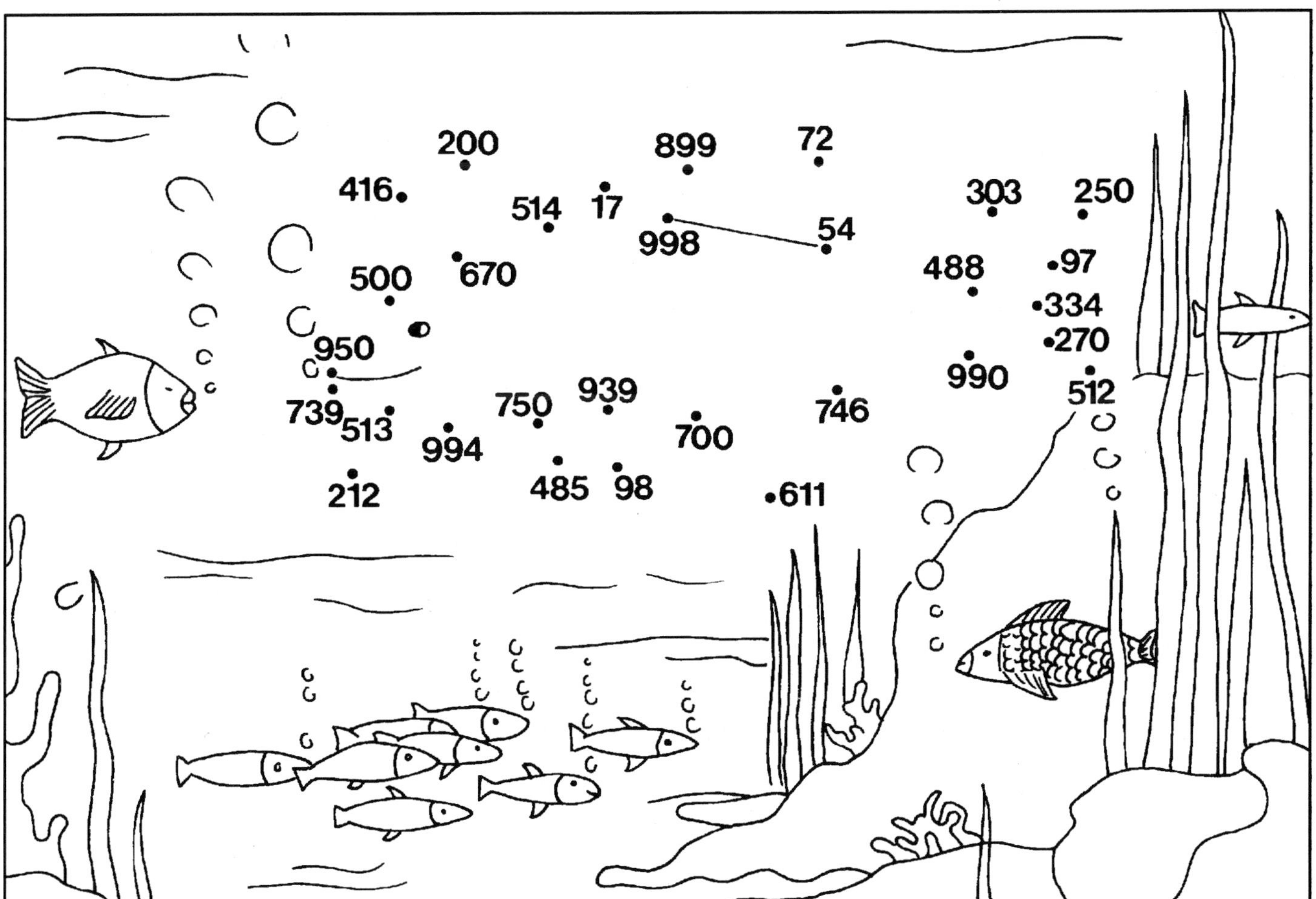

Trage den Buchstaben beim richtigen Ergebnis ein!

1)	2)	3)	4)
235 + 142 (G)	481 + 312 (I)	678 + 221 (H)	135 + 623 (A)

5)	6)	7)	8)
834 + 155 (T)	342 + 206 (F)	555 + 242 (S)	271 + 618 (A)

9)	10)	11)	12)
402 + 436 (E)	535 + 240 (S)	792 + 106 (N)	442 + 56 (D)

13)	14)	15)	16)
622 + 14 + 152 (C)	130 + 456 + 213 (H)	666 + 11 + 202 (E)	52 + 423 + 524 (O)

775	999

879	793	898	548	889	788	899

377	838	799	989

498	758	797

Persen® Bergedorfer®
Best.-Nr. 2054

Male die Lösungsfelder an!

1) 287 + 364	2) 408 + 329	3) 186 + 425	4) 506 + 208
5) 426 + 99	6) 186 + 305	7) 563 + 108	8) 719 + 112
9) 78 + 295	10) 228 + 555	11) 192 + 346	12) 395 + 477
13) 158 142 + 46	14) 144 666 + 102	15) 296 320 + 205	16) 88 177 + 299

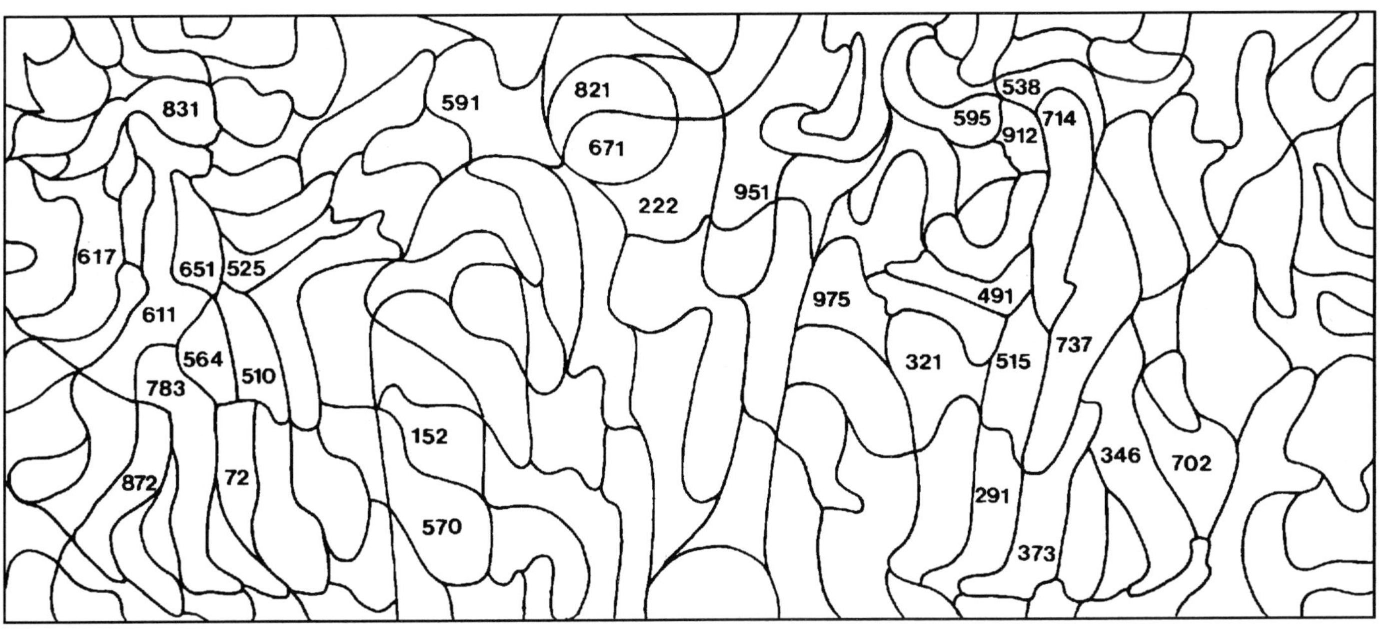

Bd. 42. Heiner Müller: Rechenblätter mit Selbstkontrolle – 3. Schuljahr

Persen® Bergedorfer®
Best.-Nr. 2054

Verbinde die Punkte in der Reihenfolge der Aufgaben!

1) 577 − 252	2) 966 − 342	3) 875 − 444	4) 777 − 234
5) 960 − 150	6) 564 − 204	7) 689 − 327	8) 592 − 482
9) 327 − 125	10) 265 − 102	11) 756 − 312	12) 662 − 432
13) 888 − 103 − 251	14) 685 − 22 − 462	15) 769 − 222 − 305	16) 948 − 313 − 25

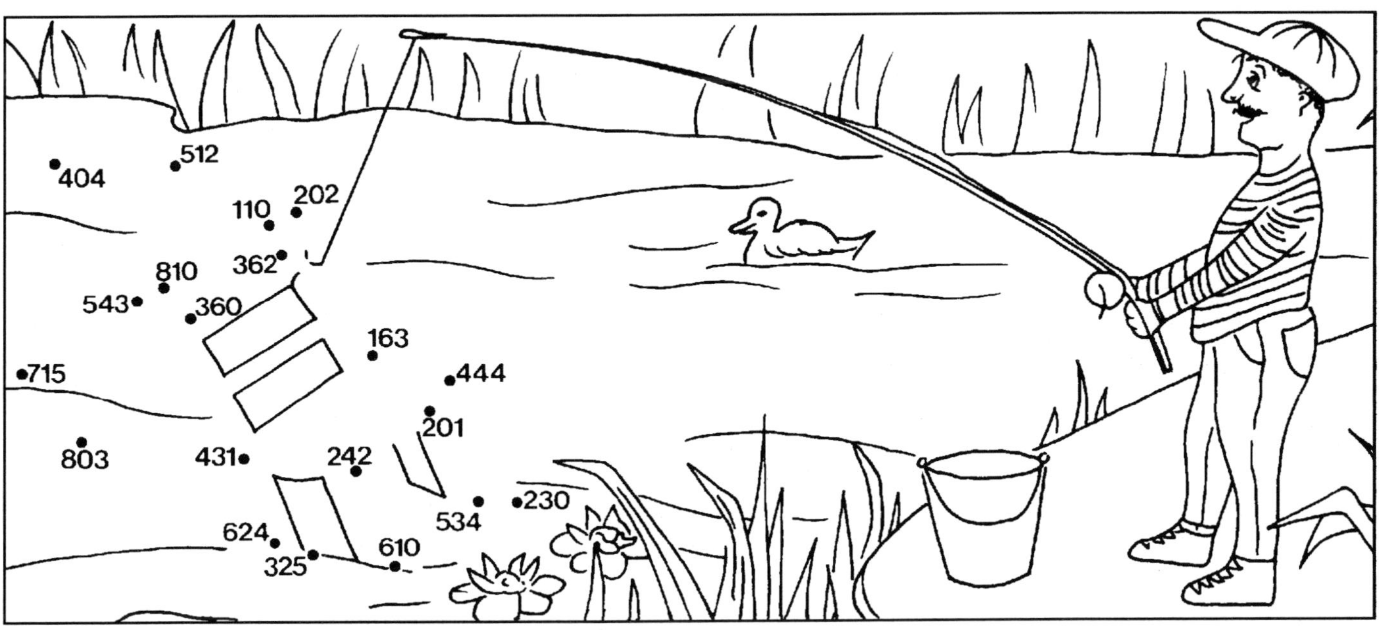

Bd. 42. Heiner Müller: Rechenblätter mit Selbstkontrolle – 3. Schuljahr

Bergedorfer®
Best.-Nr. 2054

Male die Lösungsfelder an!

1)	2)	3)	4)
936	875	596	764
– 458	– 366	– 487	– 268

5)	6)	7)	8)
499	372	256	372
– 269	– 119	– 109	– 265

9)	10)	11)	12)
645	840	663	404
– 456	– 575	– 384	– 138

13)	14)	15)	16)
712	654	723	416
– 203	– 120	– 112	– 53
– 351	– 246	– 306	– 144

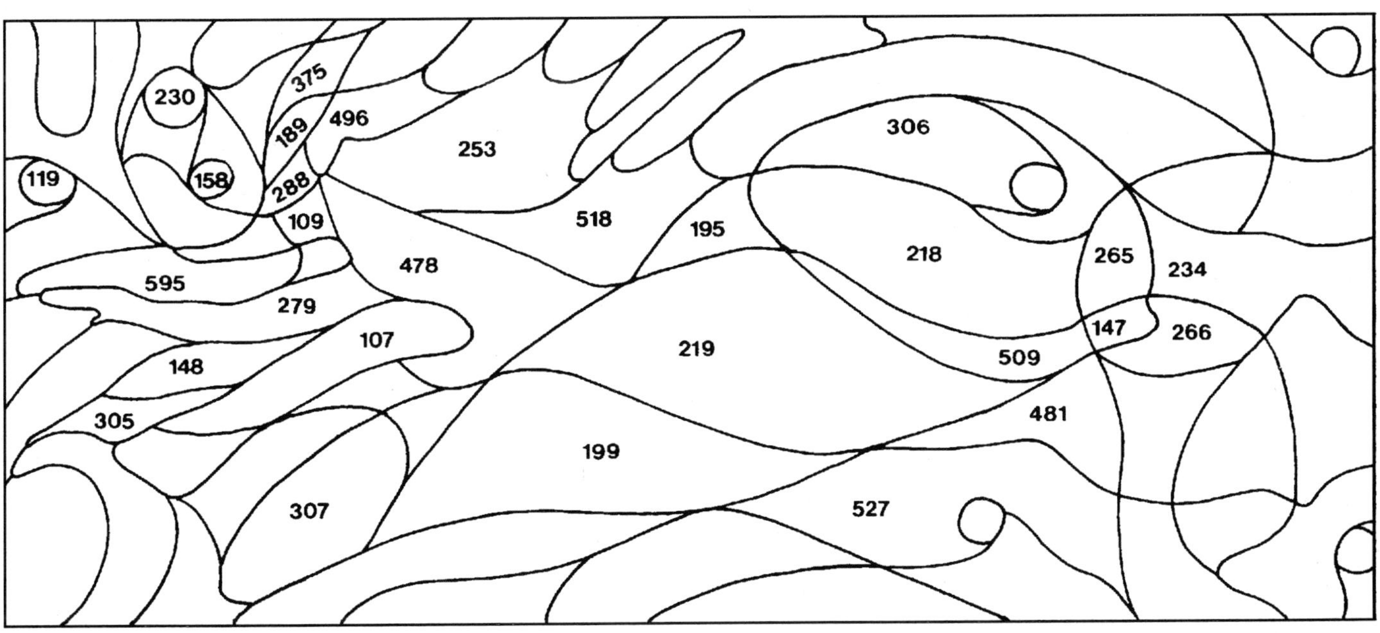

Bergedorfer®
Best.-Nr. 2054

Male die Lösungsfelder in den angegebenen Farben an!

blau:

1) 640 + 325	2) 478 + 387	3) 219 + 666	4) 509 + 233

gelb:

5) 863 – 509	6) 651 – 419	7) 285 – 199	8) 707 – 436

grün:

9) 216 303 + 473	10) 586 75 + 213	11) 386 224 + 316	12) 702 16 + 281

rot:

13) 392 – 229 – 146	14) 732 – 273 – 327	15) 999 – 222 – 555	16) 481 – 106 – 217

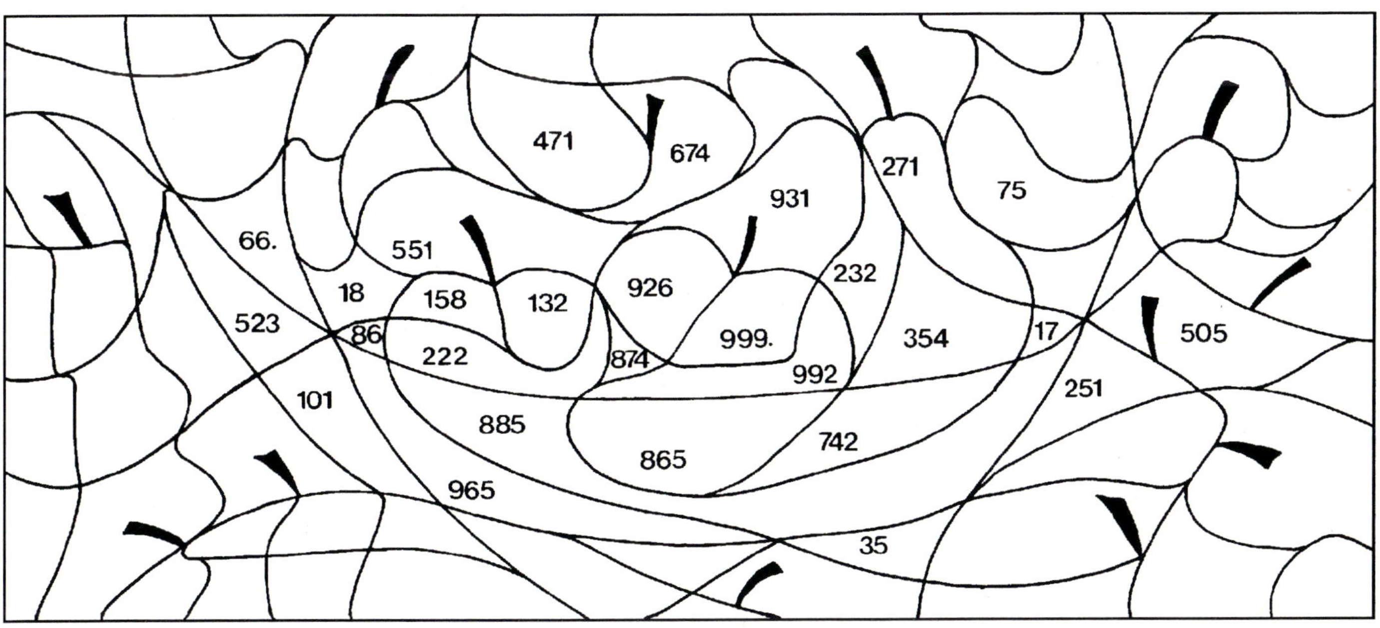

Persen® Bergedorfer®
Best.-Nr. 2054

Verbinde die Punkte in der Reihenfolge der Aufgaben!

1) $3 \cdot 17 = 3 \cdot 10 + 3 \cdot 7 =$
2) $5 \cdot 16 = 5 \cdot 10 + 5 \cdot 6 =$
3) $8 \cdot 12 = 8 \cdot 10 + 8 \cdot 2 =$
4) $4 \cdot 19 = 4 \cdot 10 + 4 \cdot 9 =$
5) $6 \cdot 14 = 6 \cdot 10 + 6 \cdot 4 =$
6) $2 \cdot 18 = 2 \cdot 10 + 2 \cdot 8 =$
7) $7 \cdot 13 = 7 \cdot 10 + 7 \cdot 3 =$
8) $9 \cdot 15 = 9 \cdot 10 + 9 \cdot 5 =$
9) $6 \cdot 11 = 6 \cdot 10 + 6 \cdot 1 =$
10) $8 \cdot 16 = 8 \cdot 10 + 8 \cdot 6 =$
11) $5 \cdot 12 = 5 \cdot 10 + 5 \cdot 2 =$
12) $4 \cdot 17 = 4 \cdot 10 + 4 \cdot 7 =$

13) $18 \cdot 6 = 10 \cdot 6 + 8 \cdot 6 =$
14) $13 \cdot 4 = 10 \cdot 4 + 3 \cdot 4 =$
15) $15 \cdot 5 = 10 \cdot 5 + 5 \cdot 5 =$
16) $12 \cdot 6 = 10 \cdot 6 + 2 \cdot 6 =$
17) $17 \cdot 7 = 10 \cdot 7 + 7 \cdot 7 =$
18) $14 \cdot 8 = 10 \cdot 8 + 4 \cdot 8 =$
19) $11 \cdot 3 = 10 \cdot 3 + 1 \cdot 3 =$
20) $16 \cdot 2 = 10 \cdot 2 + 6 \cdot 2 =$
21) $19 \cdot 7 = 10 \cdot 7 + 9 \cdot 7 =$
22) $17 \cdot 5 = 10 \cdot 5 + 7 \cdot 5 =$
23) $13 \cdot 6 = 10 \cdot 6 + 3 \cdot 6 =$
24) $15 \cdot 8 = 10 \cdot 8 + 5 \cdot 8 =$

Bergedorfer®
Best.-Nr. 2054

Finde die richtigen Buchstaben!

1) 96 : 3 = ☐

90 : 3 =
6 : 3 =

96 : 3 =

2) 168 : 4 = ☐

160 : 4 =
8 : 4 =

168 : 4 =

3) 132 : 6 = ☐

120 : 6 =
12 : 6 =

132 : 6 =

4) 144 : 2 = ☐

140 : 2 =
4 : 2 =

144 : 2 =

5) 225 : 5 = ☐

200 : 5 =
25 : 5 =

225 : 5 =

6) 175 : 7 = ☐

140 : 7 =
35 : 7 =

175 : 7 =

7) 567 : 9 = ☐

540 : 9 =
27 : 9 =

567 : 9 =

8) 600 : 8 = ☐

560 : 8 =
40 : 8 =

600 : 8 =

9) 348 : 4 = ☐

320 : 4 =
28 : 4 =

348 : 4 =

10) 288 : 3 = ☐

270 : 3 =
18 : 3 =

288 : 3 =

11) 210 : 6 = ☐

180 : 6 =
30 : 6 =

210 : 6 =

12) 469 : 7 = ☐

420 : 7 =
49 : 7 =

469 : 7 =

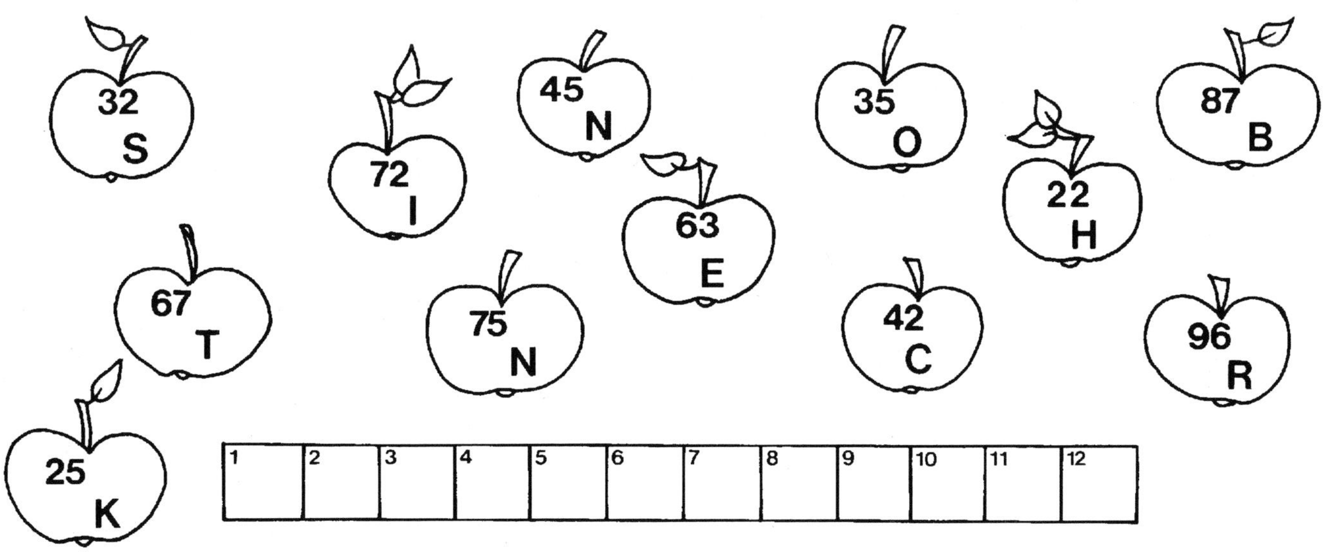

Bd. 42. Heiner Müller: Rechenblätter mit Selbstkontrolle – 3. Schuljahr

Persen® Bergedorfer®
Best.-Nr. 2054

Verbinde die Punkte in der Reihenfolge der Aufgaben!

1) 52 —(: 4)→ ; ←(· 4)—

2) 72 —(: 3)→ ; ←(· 3)—

3) 165 —(: 5)→ ; ←(· 5)—

4) —(: 3)→ 33 ; ←(· 3)—

5) —(: 6)→ 52 ; ←(· 6)—

6) —(: 8)→ 34 ; ←(· 8)—

7) —(: 7)→ 27 ; ←(· 7)—

8) 435 —(: 5)→ ; ←(· 5)—

9) —(: 9)→ 99 ; ←(· 9)—

Verbinde die Punkte der Ausgangszahlen!

10) —(·)→ ; —(· 6)→ —(· 3)→

E	Z	A
8		
6		
5		
4		

11) —(·)→ ; —(· 4)→ —(· 5)→

E	Z	A
3		
8		
7		
2		

12) —(·)→ ; —(· 7)→ —(· 2)→

E	Z	A
4		
6		
3		
5		

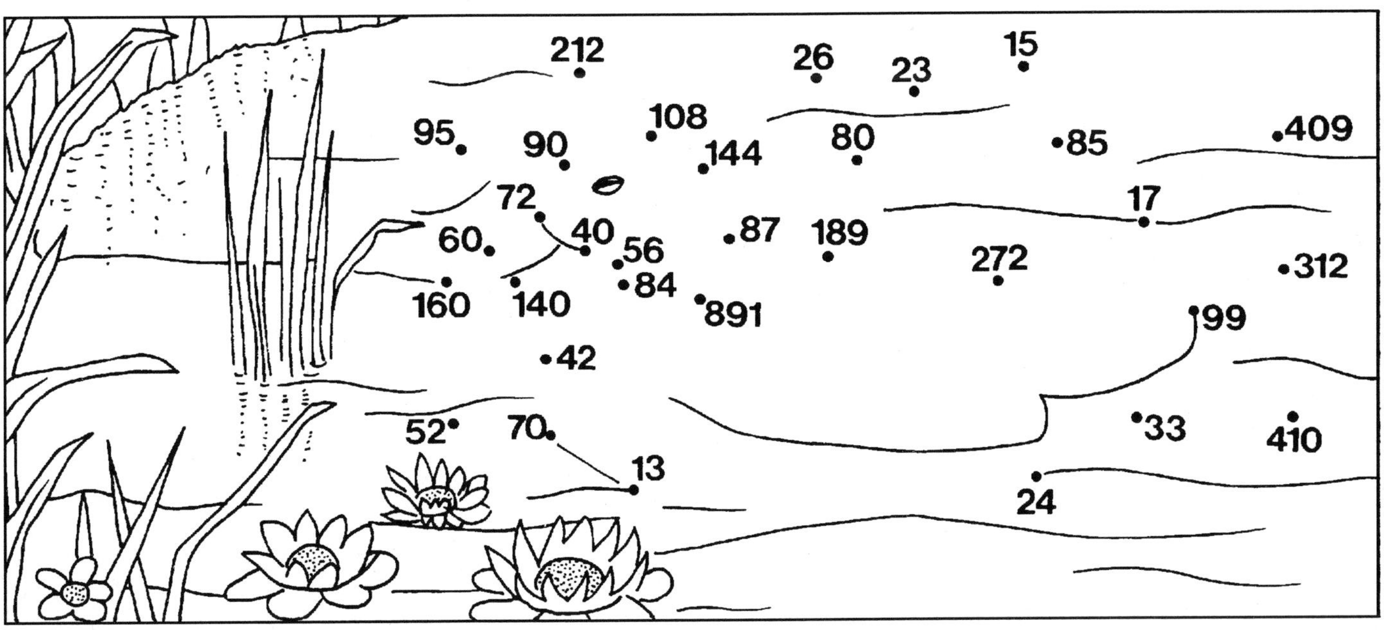

Bergedorfer®
Best.-Nr. 2054

Male die Lösungsfelder in den angegebenen Farben an!

Ergänze zu 1 hl!	Schreibe mit Komma!
braun:	**grün:**
1) 38 l + ___ l = 1 hl	13) 9 hl 38 l = ___ hl
2) 67 l + ___ l = 1 hl	14) 4 hl 17 l = ___ hl
3) 40 l + ___ l = 1 hl	15) 7 hl 8 l = ___ hl
4) 91 l + ___ l = 1 hl	16) 5 hl 50 l = ___ hl
5) 5 l + ___ l = 1 hl	17) 0 hl 1 l = ___ hl
6) 25 l + ___ l = 1 hl	18) 3 hl 10 l = ___ hl
blau:	**gelb:**
7) 13 l + ___ l = 1 hl	19) 2 hl 2 l = ___ hl
8) 50 l + ___ l = 1 hl	20) 8 hl 77 l = ___ hl
9) 1 l + ___ l = 1 hl	21) 0 hl 20 l = ___ hl
10) 84 l + ___ l = 1 hl	22) 1 hl 5 l = ___ hl
11) 66 l + ___ l = 1 hl	23) 10 hl 10 l = ___ hl
12) 78 l + ___ l = 1 hl	24) 0 hl 99 l = ___ hl

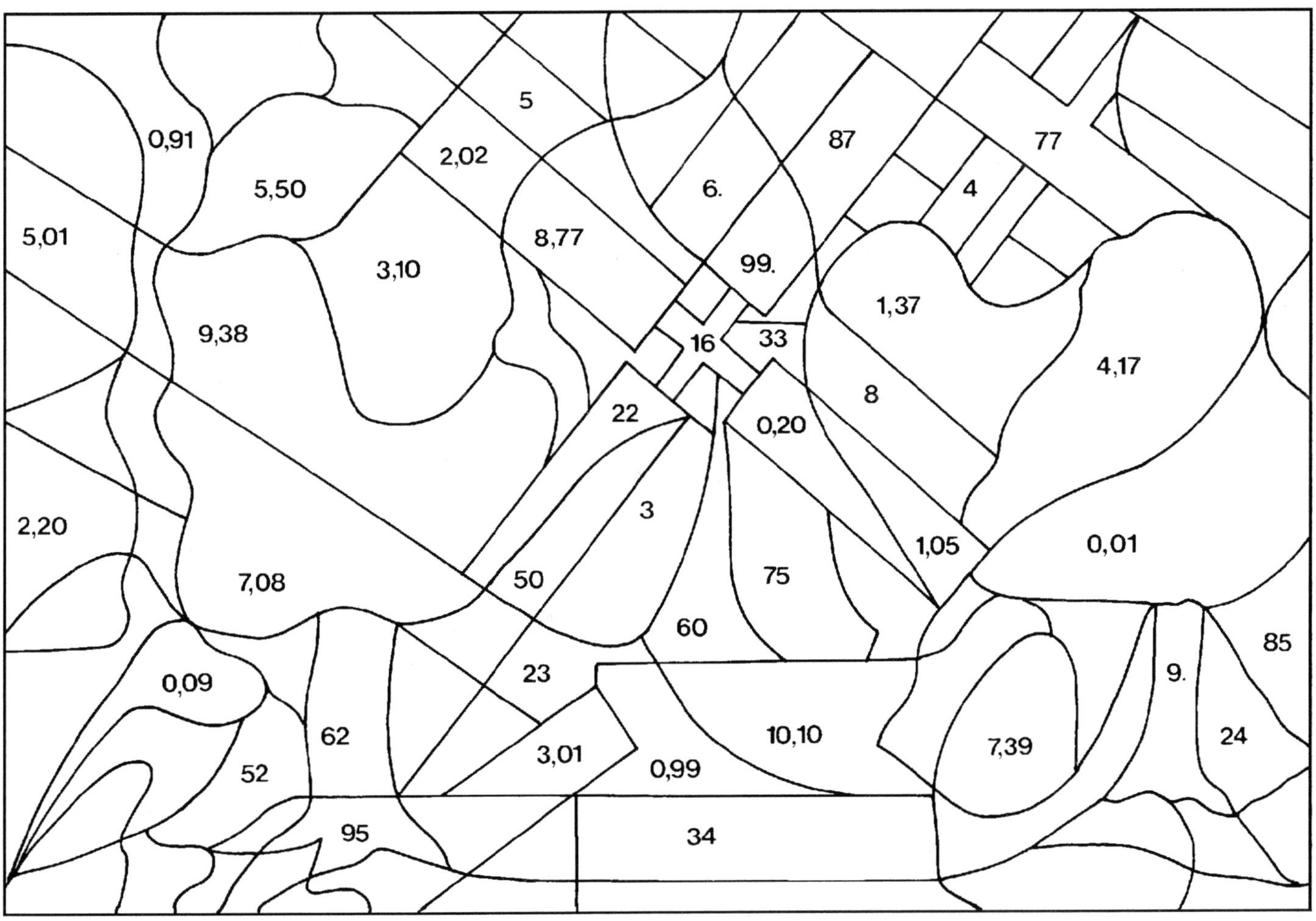

Bd. 42. Heiner Müller: Rechenblätter mit Selbstkontrolle – 3. Schuljahr

Bergedorfer®
Best.-Nr. 2054

Seite 1

Male die Lösungsfelder an!

1) 23 + 14 = 37
2) 23 + 24 = 47
3) 63 + 24 = 87
4) 63 + 34 = 97
5) 36 + 17 = 53
6) 47 + 34 = 81
7) 79 + 15 = 94
8) 58 + 38 = 96
9) 14 + 58 = 72
10) 49 + 37 = 86
11) 56 + 27 = 83
12) 19 + 46 = 65

13) 87 — 16 = 71
14) 74 — 14 = 60
15) 74 — 44 = 30
16) 58 — 34 = 24
17) 45 — 16 = 29
18) 87 — 29 = 58
19) 62 — 34 = 28
20) 75 — 39 = 36
21) 83 — 39 = 44
22) 91 — 42 = 49
23) 84 — 28 = 56
24) 92 — 15 = 77

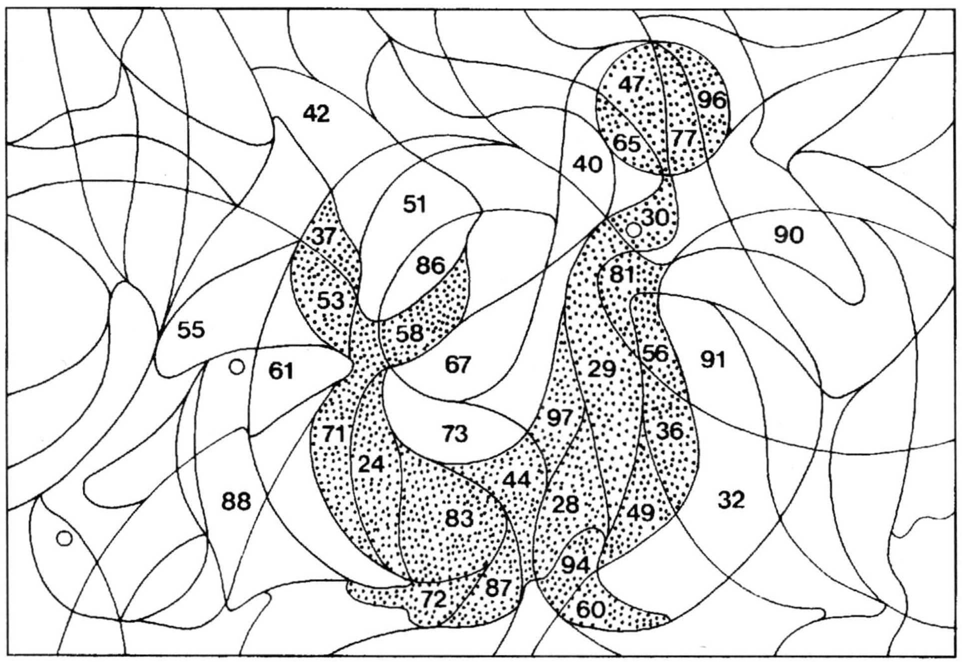

Seite 2

Verbinde die Punkte in der Reihenfolge der Aufgaben!

1) · 7

E	A
7	49
2	14
8	56
4	28
9	63
10	70

2) · 9

E	A
3	27
4	36
8	72
2	18
9	81
10	90

3) · 6

E	A
9	54
4	24
7	42
6	36
8	48
10	60

4)
$5 \cdot 3 = 15$
$1 \cdot 3 = 3$
$4 \cdot 3 = 12$
$2 \cdot 3 = 6$
$7 \cdot 3 = 21$
$10 \cdot 3 = 30$

5)
$9 \cdot 5 = 45$
$5 \cdot 5 = 25$
$1 \cdot 5 = 5$
$7 \cdot 5 = 35$
$2 \cdot 5 = 10$
$10 \cdot 5 = 50$

6)
$2 \cdot 8 = 16$
$4 \cdot 8 = 32$
$5 \cdot 8 = 40$
$1 \cdot 8 = 8$
$8 \cdot 8 = 64$
$10 \cdot 8 = 80$

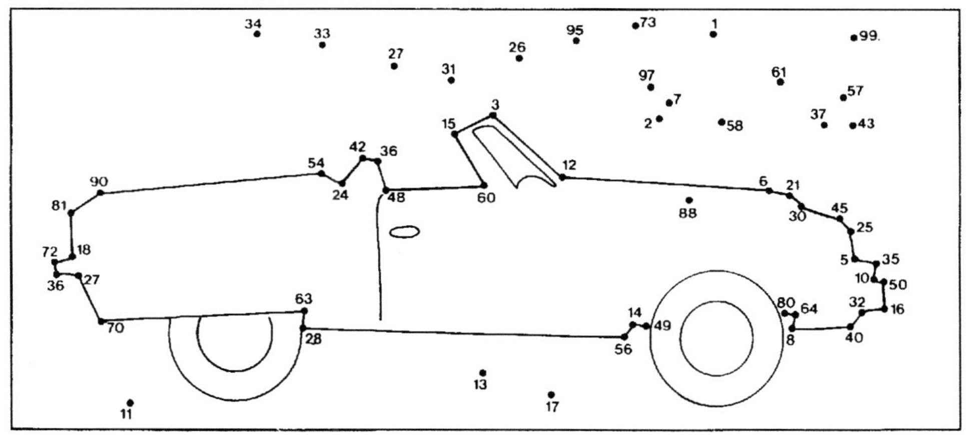

Seite 3

Male die Lösungsfelder in den angegebenen Farben an!

blau: :8

1)

E	A
40	5
56	7
72	9
48	6
64	8
32	4

blau: :7

2)

E	A
63	9
56	8
49	7
35	5
42	6
28	4

blau: :9

3)

E	A
54	6
45	5
72	8
81	9
36	4
63	7

rot:

4) 32 : 4 = 8
28 : 4 = 7
16 : 4 = 4
20 : 4 = 5
40 : 4 = 10

gelb:

5) 48 : 6 = 8
36 : 6 = 6
54 : 6 = 9
60 : 6 = 10
42 : 6 = 7

schwarz:

6) 30 : 3 = 10
18 : 3 = 6
12 : 3 = 4
27 : 3 = 9
21 : 3 = 7

Seite 4

Male die Lösungsfelder an!

1) 6 H 4 Z = 640
2) 8 H 3 Z 4 E = 834
3) 6 H 6 Z 6 E = 666
4) 2 H 1 Z 9 E = 219
5) 9 H 3 Z = 930
6) 4 H 8 Z = 480
7) 4 H 3 Z 2 E = 432
8) 8 H 1 Z 8 E = 818
9) 3 H 2 Z 5 E = 325
10) 7 H 8 Z 9 E = 789
11) 2 H 2 Z 2 E = 222
12) 5 H 1 Z = 510
13) 7 H 4 Z 2 E = 742
14) 6 H 3 Z 1 E = 631
15) 4 H 3 E = 403
16) 7 H 7 Z = 770
17) 5 H 5 E = 505
18) 3 H 8 Z 2 E = 382
19) 6 H 4 Z 2 E = 642
20) 3 H 1 E = 301
21) 8 H 2 Z = 820
22) 9 H 9 Z 9 E = 999
23) 1 H 9 Z 3 E = 193
24) 4 H 1 E = 401

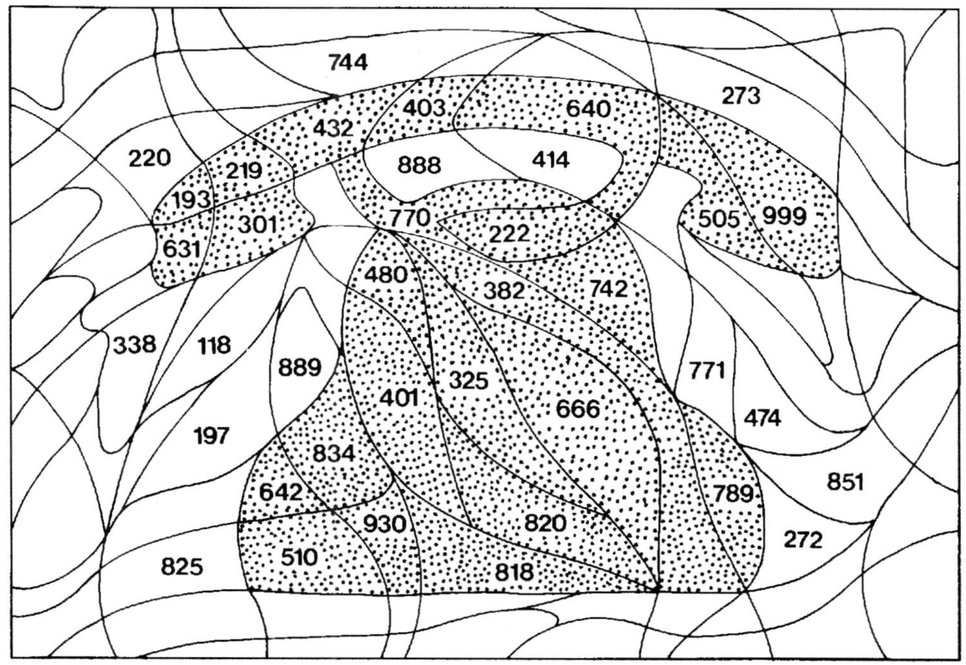

Bd. 42. Heiner Müller: Rechenblätter mit Selbstkontrolle – 3. Schuljahr

Seite 5

Verbinde die Punkte in der Reihenfolge der Aufgaben!

1) 6 · 100 + 3 · 10 + 5 · 1 = 635
2) 4 · 100 + 6 · 10 + 8 · 1 = 468
3) 3 · 100 + 0 · 10 + 4 · 1 = 304
4) 7 · 100 + 6 · 10 + 9 · 1 = 769
5) 5 · 100 + 0 · 10 + 7 · 1 = 507
6) 3 · 100 + 5 · 10 + 6 · 1 = 356
7) 9 · 100 + 4 · 10 + 0 · 1 = 940
8) 8 · 100 + 8 · 10 + 8 · 1 = 888
9) 2 · 100 + 9 · 10 + 3 · 1 = 293
10) 6 · 100 + 2 · 10 + 9 · 1 = 629
11) 1 · 100 + 6 · 10 + 5 · 1 = 165
12) 5 · 100 + 5 · 10 + 1 · 1 = 551
13) 3 · 100 + 0 · 10 + 6 · 1 = 306
14) 4 · 100 + 2 · 10 + 6 · 1 = 426
15) 8 · 100 + 9 · 10 + 0 · 1 = 890
16) 6 · 100 + 7 · 10 + 8 · 1 = 678
17) 5 · 100 + 3 · 10 + 2 · 1 = 532
18) 2 · 100 + 0 · 10 + 2 · 1 = 202
19) 7 · 100 + 3 · 10 + 7 · 1 = 737
20) 9 · 100 + 6 · 10 + 5 · 1 = 965
21) 4 · 100 + 2 · 10 + 3 · 1 = 423
22) 6 · 100 + 5 · 10 + 0 · 1 = 650
23) 9 · 100 + 0 · 10 + 3 · 1 = 903
24) 8 · 100 + 6 · 10 + 0 · 1 = 860

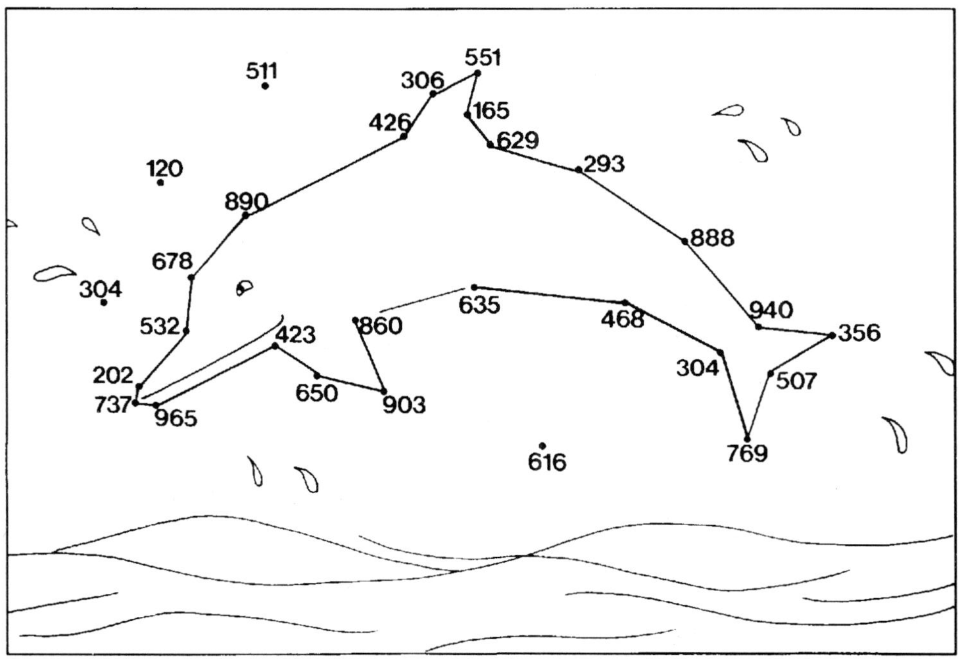

Seite 6

Male die Lösungsfelder an!

I. Schreibe zu jeder Zahl den Vorgänger auf.

1) 437, 438 2) 456, 457 3) 555, 556
4) 326, 327 5) 666, 667 6) 433, 434
7) 268, 269 8) 549, 550 9) 900, 901
10) 636, 637 11) 109, 110 12) 302, 303
13) 586, 587 14) 481, 482 15) 745, 746
16) 639, 640 17) 799, 800 18) 228, 229

II. Schreibe zu jeder Zahl den Nachfolger auf.

19) 589, 590 20) 211, 212 21) 405, 406
22) 376, 377 23) 132, 133 24) 399, 400
25) 299, 300 26) 976, 977 27) 804, 805
28) 845, 846 29) 328, 329 30) 397, 398
31) 679, 680 32) 807, 808 33) 609, 610
34) 417, 418 35) 798, 799 36) 476, 477

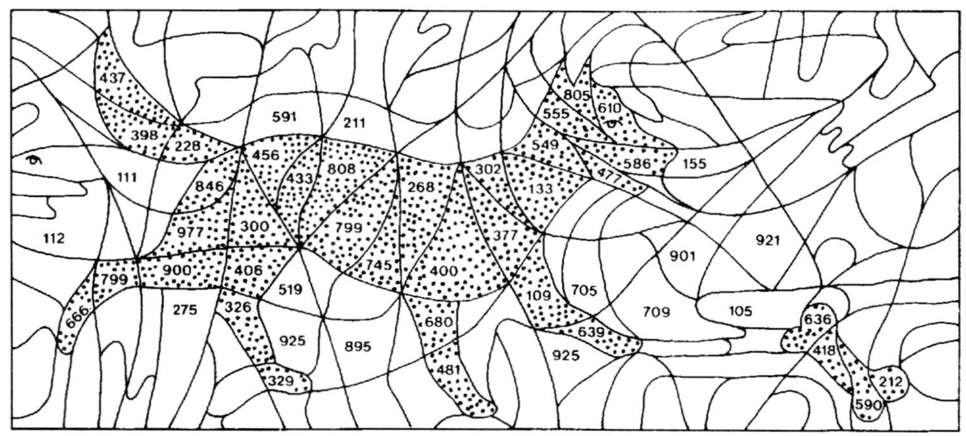

Bd. 42. Heiner Müller: Rechenblätter mit Selbstkontrolle – 3. Schuljahr

Bergedorfer® Best.-Nr. 2054

Seite 7

Male die Lösungsfelder an!

1) 300 + 500 = 800
600 + 300 = 900
200 + 300 = 500
700 + 100 = 800
400 + 300 = 700
100 + 300 = 400

2) 900 = 300 + 600
800 = 100 + 700
700 = 500 + 200
500 = 100 + 400
400 = 200 + 200
600 = 400 + 200

3) 500 + 400 = 900
100 + 400 = 500
200 + 600 = 800
100 + 800 = 900
300 + 700 = 1000
200 + 500 = 700

4) 900 = 500 + 400
1000 = 300 + 700
600 = 200 + 400
800 = 100 + 700
700 = 200 + 500
900 = 300 + 600

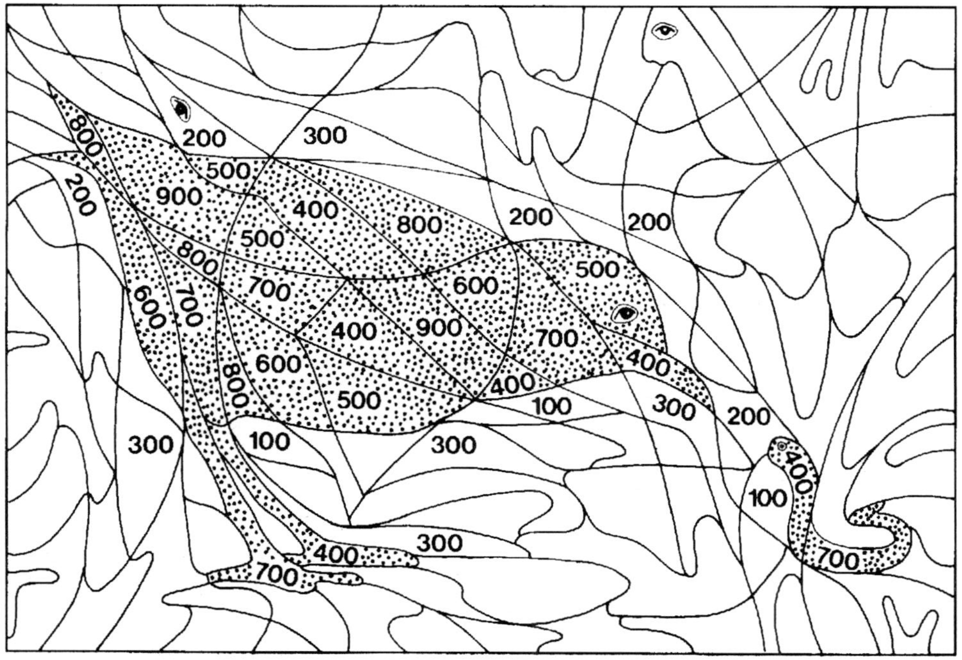

Seite 8

Male die Lösungsfelder an!

1) 900 — 400 = 500
700 — 500 = 200
400 — 200 = 200
600 — 300 = 300
800 — 700 = 100
500 — 100 = 400

2) 100 = 600 — 500
600 = 900 — 300
300 = 700 — 400
200 = 800 — 600
300 = 500 — 200
100 = 400 — 300

3) 800 — 200 = 600
500 — 400 = 100
900 — 500 = 400
700 — 100 = 600
600 — 400 = 200
400 — 300 = 100

4) 500 = 800 — 300
700 = 900 — 200
100 = 700 — 600
200 = 400 — 200
100 = 600 — 500
300 = 900 — 600

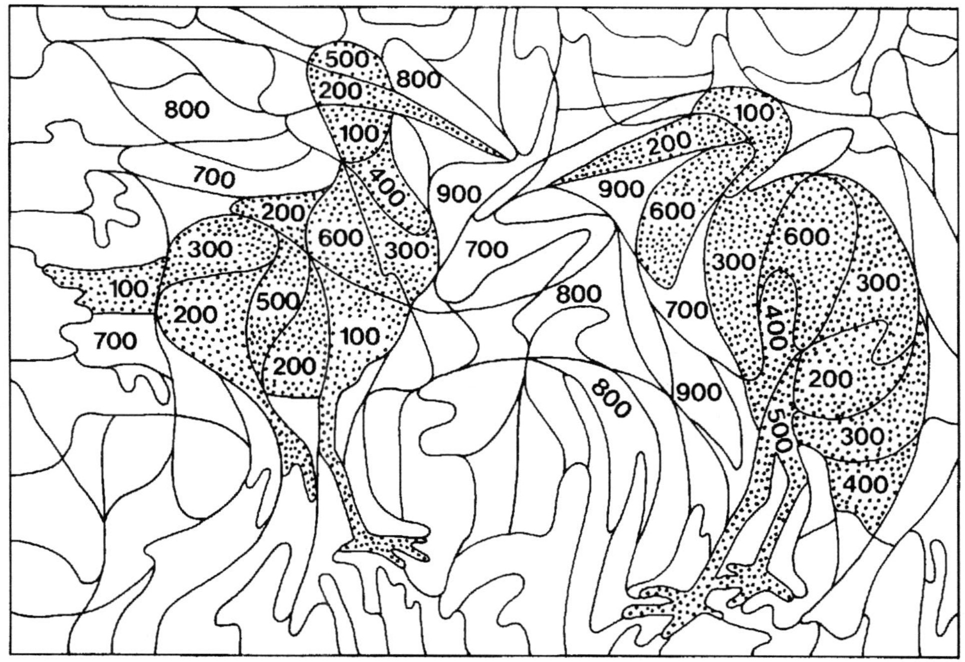

Bergedorfer® Best.-Nr. 2054

Seite 9

Male die Lösungsfelder an!

Wie viel DM und Pf sind es?

1) 683 Pf = 6 DM 83 Pf
421 Pf = 4 DM 21 Pf
575 Pf = 5 DM 75 Pf
294 Pf = 2 DM 94 Pf
678 Pf = 6 DM 78 Pf
399 Pf = 3 DM 99 Pf

2) 504 Pf = 5 DM 4 Pf
270 Pf = 2 DM 70 Pf
86 Pf = 86 Pf
308 Pf = 3 DM 8 Pf
70 Pf = 70 Pf
400 Pf = 4 DM

3) 608 Pf = 6 DM 8 Pf
725 Pf = 7 DM 25 Pf
866 Pf = 8 DM 66 Pf
999 Pf = 9 DM 99 Pf
62 Pf = 62 Pf
1000 Pf = 10 DM

4) 732 Pf = 7 DM 32 Pf
467 Pf = 4 DM 67 Pf
707 Pf = 7 DM 7 Pf
280 Pf = 2 DM 80 Pf
314 Pf = 3 DM 14 Pf
162 Pf = 1 DM 62 Pf

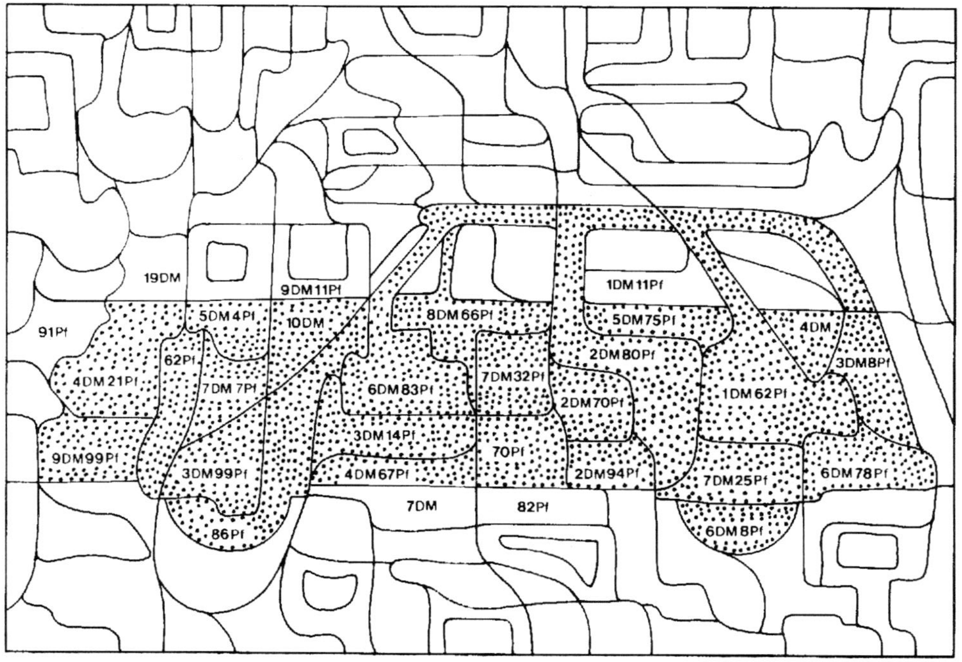

Seite 10

Suche zu jeder Lösung den richtigen Buchstaben!

Schreibe mit Komma!

1)
4 DM 8 Pf = 4,08 DM Ⓑ
6 DM 15 Pf = 6,15 DM Ⓐ
5 DM 50 Pf = 5,50 DM Ⓛ
32 DM 23 Pf = 32,23 DM Ⓛ
3 DM 2 Pf = 3,02 DM Ⓞ
9 DM 56 Pf = 9,56 DM Ⓝ

2)
8 DM 1 Pf = 8,01 DM Ⓢ
75 Pf = 0,75 DM Ⓟ
3 DM = 3,00 DM Ⓘ
5 DM 11 Pf = 5,11 DM Ⓔ
5 Pf = 0,05 DM Ⓛ
10 DM 2 Pf = 10,02 DM Ⓔ

3)
4 DM 52 Pf = 4,52 DM Ⓟ
2 DM 35 Pf = 2,35 DM Ⓤ
7 DM 13 Pf = 7,13 DM Ⓟ
12 DM 69 Pf = 12,69 DM Ⓟ
6 DM 26 Pf = 6,26 DM Ⓔ
9 DM 84 Pf = 9,84 DM Ⓝ

4)
5 DM 53 Pf = 5,53 DM Ⓛ
25 DM 91 Pf = 25,91 DM Ⓐ
4 DM 59 Pf = 4,59 DM Ⓢ
7 DM 68 Pf = 7,68 DM Ⓣ
13 DM 49 Pf = 13,49 DM Ⓔ
2 DM 55 Pf = 2,55 DM Ⓡ

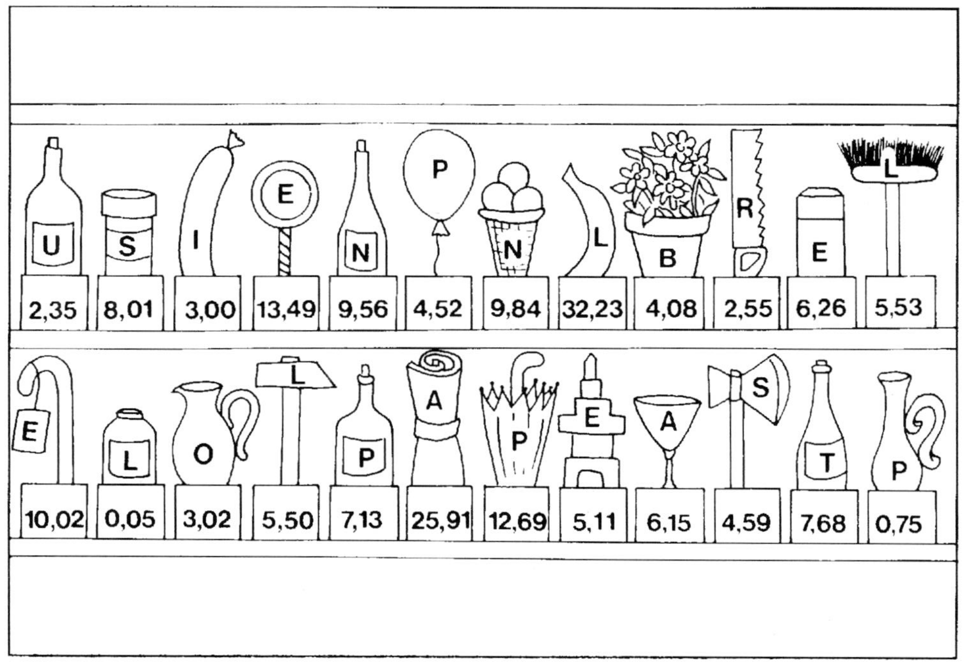

Bd. 42. Heiner Müller: Rechenblätter mit Selbstkontrolle – 3. Schuljahr

Persen® Bergedorfer® Best.-Nr. 2054

Seite 11

Verbinde die Punkte in der Reihenfolge der Aufgaben!

1) 549 + 8 = 557
2) 749 + 8 = 757
3) 162 + 30 = 192
4) 662 + 30 = 692
5) 313 + 14 = 327
6) 713 + 14 = 727
7) 523 + 31 = 554
8) 832 + 16 = 848
9) 954 + 7 = 961
10) 184 + 7 = 191
11) 418 + 17 = 435
12) 731 + 25 = 756
13) 928 + 52 = 980
14) 319 + 38 = 357
15) 426 + 44 = 470
16) 183 + 9 = 192
17) 628 + 70 = 698
18) 461 + 26 = 487
19) 908 + 69 = 977
20) 711 + 51 = 762
21) 555 + 19 = 574
22) 308 + 85 = 393
23) 619 + 6 = 625
24) 228 + 37 = 265

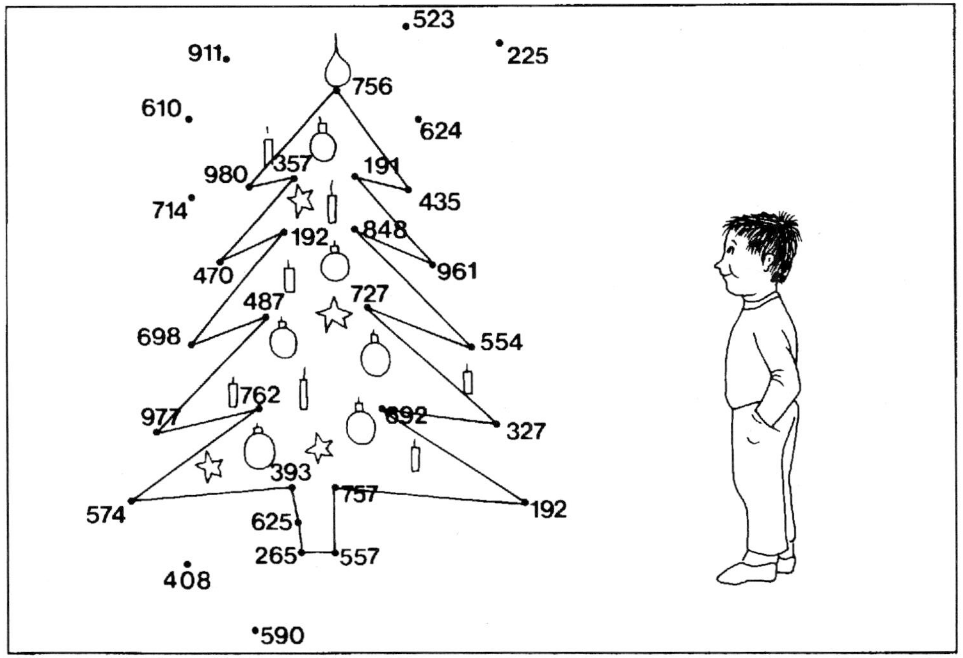

Seite 12

Verbinde die Punkte in der Reihenfolge der Aufgaben!

1) 63 — 9 = 54
2) 163 — 9 = 154
3) 259 — 30 = 229
4) 759 — 30 = 729
5) 943 — 14 = 929
6) 243 — 24 = 219
7) 483 — 24 = 459
8) 731 — 19 = 712
9) 685 — 32 = 653
10) 573 — 46 = 527
11) 331 — 30 = 301
12) 672 — 17 = 655
13) 323 — 14 = 309
14) 881 — 6 = 875
15) 959 — 38 = 921
16) 474 — 44 = 430
17) 681 — 23 = 658
18) 845 — 15 = 830
19) 432 — 20 = 412
20) 184 — 63 = 121
21) 936 — 17 = 919
22) 562 — 31 = 531
23) 247 — 24 = 223
24) 777 — 59 = 718

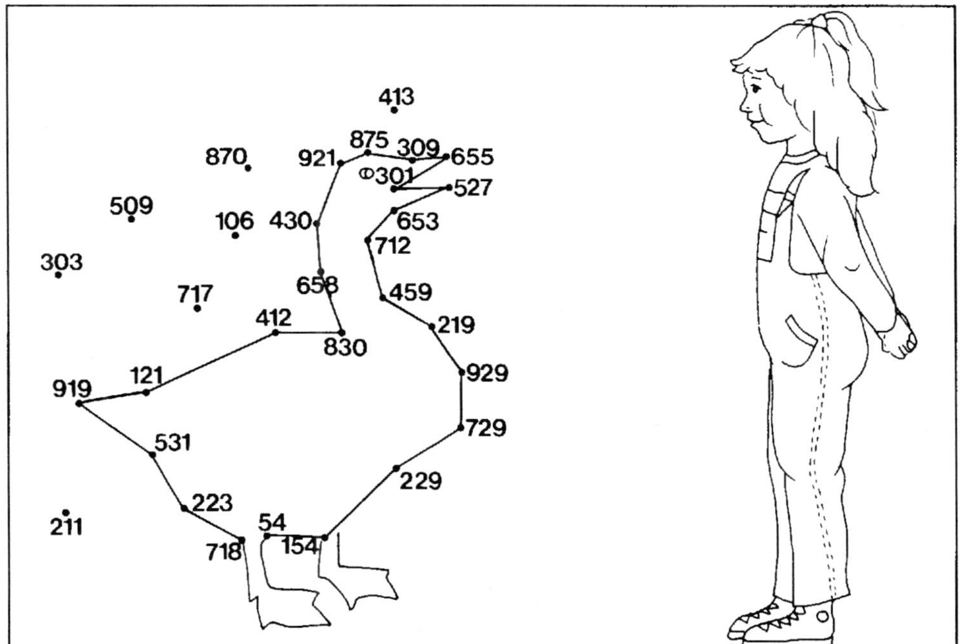

Bergedorfer® Best.-Nr. 2054

Seite 13

Male die Lösungsfelder an!

1) 195 + 7 = 202	2) 160 + 50 = 210
297 + 4 = 301	380 + 60 = 440
396 + 6 = 402	490 + 70 = 560
594 + 8 = 602	630 + 80 = 710
899 + 9 = 908	570 + 40 = 610
3) 191 + 10 = 201	4) 290 + 30 = 320
695 + 10 = 705	580 + 50 = 630
493 + 10 = 503	160 + 60 = 220
597 + 10 = 607	570 + 40 = 610
796 + 10 = 806	850 + 90 = 940

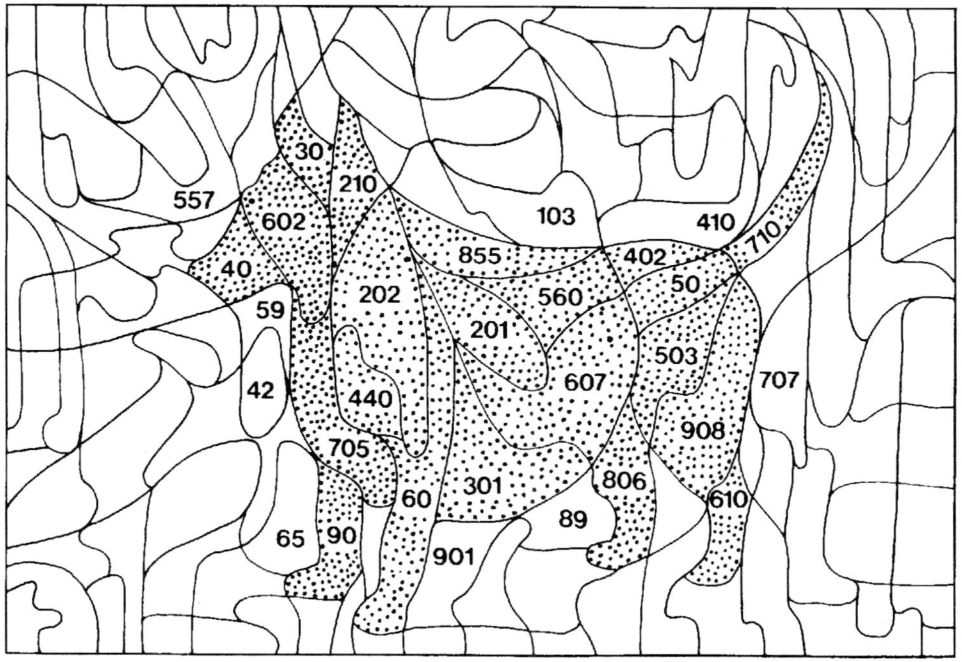

Seite 14

Finde die richtigen Buchstaben!

1) 179 + 31 = 210	S	2) 235 + 71 = 306	S
298 + 12 = 310	P	528 + 82 = 610	T
489 + 41 = 530	O	455 + 53 = 508	A
682 + 38 = 720	R	846 + 65 = 911	R
175 + 40 = 215	T	719 + 92 = 811	T
3) 548 + 80 = 628	S	4) 387 + 16 = 403	T
463 + 50 = 513	P	276 + 33 = 309	E
282 + 40 = 322	R	553 + 48 = 601	N
896 + 70 = 966	I	469 + 41 = 510	N
394 + 20 = 414	N	744 + 61 = 805	I
481 + 30 = 511	T	167 + 35 = 202	S

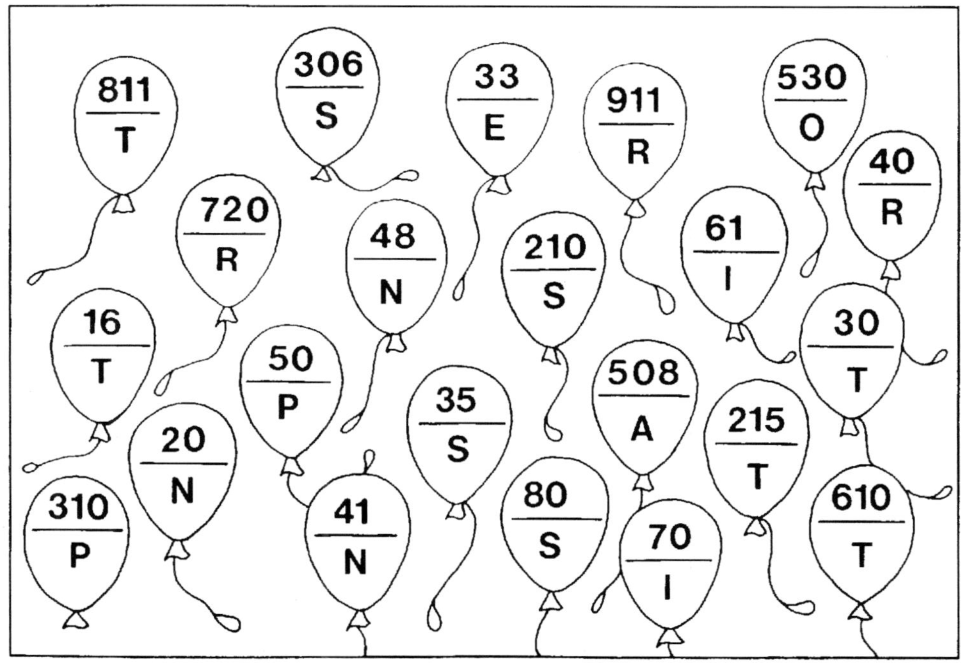

Persen® Bergedorfer® Best.-Nr. 2054

Seite 15

Male die Ergebnisse nach dem Rechnen verschiedenfarbig an:

braun:

1) 504 — 6 = 498
402 — 3 = 399
601 — 5 = 596
805 — 7 = 798
303 — 4 = 299

gelb:

2) 630 — 50 = 580
450 — 60 = 390
370 — 90 = 280
510 — 40 = 470
920 — 70 = 850

blau:

3) 206 — 10 = 196
403 — 10 = 393
601 — 10 = 591
805 — 10 = 795
504 — 10 = 494
307 — 10 = 297

grün:

4) 801 — 5 = 796
503 — 8 = 495
602 — 4 = 598
405 — 9 = 396
201 — 2 = 199
306 — 7 = 299

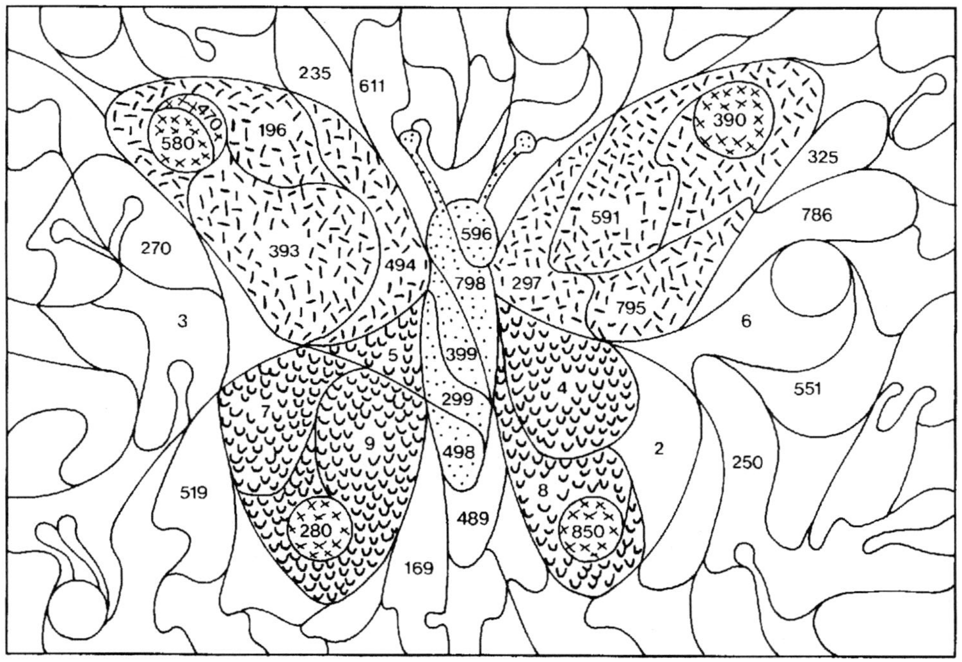

Seite 16

Verbinde die Punkte in der Reihenfolge der Aufgaben!

1) 375 — 81 = 294
467 — 73 = 394
518 — 22 = 496
672 — 82 = 590
256 — 63 = 193

2) 344 — 53 = 291
859 — 67 = 792
424 — 31 = 393
747 — 55 = 692
536 — 42 = 494

3) 317 — 30 = 287
625 — 50 = 575
244 — 80 = 164
909 — 20 = 889
424 — 60 = 364

4) 417 — 19 = 398
838 — 43 = 795
666 — 76 = 590
919 — 23 = 896
258 — 67 = 191

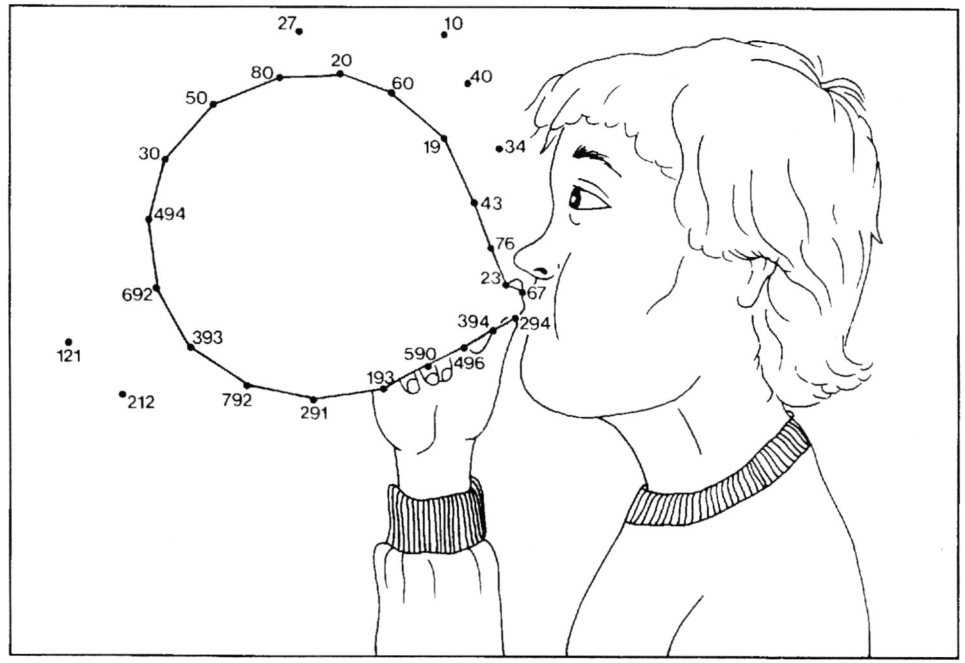

Persen® Bergedorfer® Best.-Nr. 2054

Seite 17

Finde die richtigen Buchstaben!

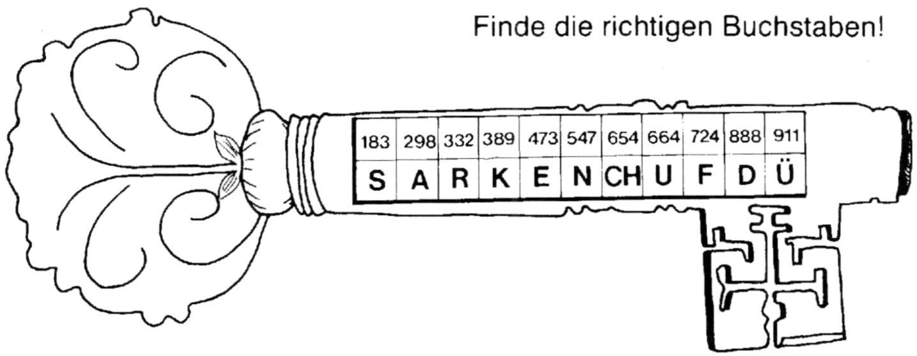

183	298	332	389	473	547	654	664	724	888	911
S	A	R	K	E	N	CH	U	F	D	Ü

1) 856 + 32 = 888
2) 243 + 55 = 298
3) 524 + 23 = 547
4) 338 + 51 = 389
5) 409 + 64 = 473
6) 743 — 19 = 724
7) 976 — 65 = 911
8) 385 — 53 = 332
9) 899 — 11 = 888
10) 321 — 23 = 298

Rechne geschickt!

11) 153 + 26 + 4 = 183
12) 248 + 44 + 6 = 298
13) 624 + 32 + 8 = 664
14) 103 + 71 + 9 = 183
15) 302 + 23 + 7 = 332
16) 493 — 12 — 8 = 473
17) 684 — 29 — 1 = 654
18) 597 — 43 — 7 = 547
19) 493 — 12 — 8 = 473
20) 587 — 38 — 2 = 547

D	A	N	K	E		F	Ü	R		D	A	S
1	2	3	4	5		6	7	8		9	10	11

A	U	S	R	E	CH	N	E	N
12	13	14	15	16	17	18	19	20

Seite 18

Suche zu jeder Lösung den richtigen Buchstaben!

1) Heiko hat auf seinem Sparbuch 348 DM. Er hebt 85 DM ab, um sich ein Funksprechgerät zu kaufen. Wie viel Geld hat er noch auf dem Sparbuch?
348 — 85 = 263
Er hat noch 263 DM auf dem Sparbuch. O
2) Frau Lustig hat schon 285 DM ausgegeben. Nun kauft sie noch eine Hose für 62 DM. Wie viel hat sie jetzt insgesamt ausgegeben?
285 + 62 = 347
Frau Lustig hat 347 DM ausgegeben. W
3) Vor dem Tanken hat Herr Neulich 139 DM im Portemonnaie. Er tankt für 65 DM. Wie viel hat er danach noch?
139 — 65 = 74
Herr Neulich hat noch 74 DM im Portemonnaie. Y
4) Familie Sommer nimmt 988 DM Bargeld mit in den Urlaub. Sie bringen 91 DM zurück. Wie viel haben sie ausgegeben?
988 — 91 = 897
Familie Sommer hat 897 DM ausgegeben. C
5) Ein Bekleidungsgeschäft macht Räumungsverkauf.
a) Ein Anzug, der sonst 438 DM kostete, wird nun für 367 DM angeboten. Wie viel ist er billiger geworden?
438 — 367 = 71
Der Anzug wurde um 71 DM billiger. O
b) Ein Kleid kostete 256 DM. Nun kostet es nur noch 175 DM. Wie viel wurde das Kleid billiger?
256 — 175 = 81
Das Kleid wurde um 81 DM billiger. B

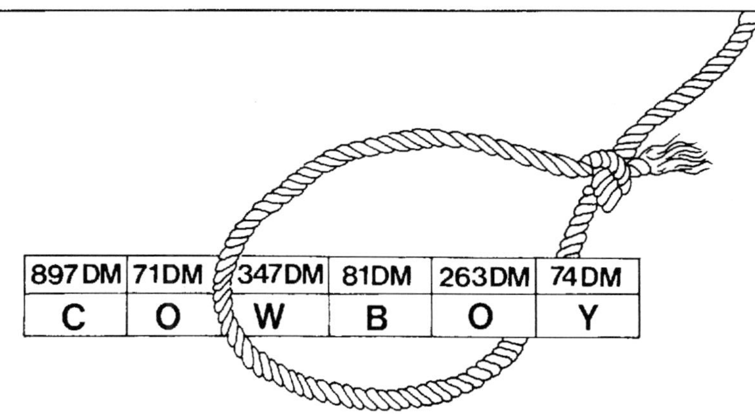

897 DM	71 DM	347 DM	81 DM	263 DM	74 DM
C	O	W	B	O	Y

Persen® Bergedorfer®
Best.-Nr. 2054

Seite 19

Verbinde die Punkte in der Reihenfolge der Aufgaben!

Schreibe als m und cm!

1)		2)	
1) 316 cm =	3 m 16 cm	2) 400 cm =	4 m
25 cm =	25 cm	2 cm =	2 cm
189 cm =	1 m 89 cm	375 cm =	3 m 75 cm
63 cm =	63 cm	101 cm =	1 m 1 cm
523 cm =	5 m 23 cm	86 cm =	86 cm
6 cm =	6 cm	799 cm =	7 m 99 cm
800 cm =	8 m	4 cm =	4 cm
903 cm =	9 m 3 cm	10 cm =	10 cm
15 cm =	15 cm	500 cm =	5 m
347 cm =	3 m 47 cm	602 cm =	6 m 2 cm
3 cm =	3 cm	1 cm =	1 cm
999 cm =	9 m 99 cm	1000 cm =	10 m

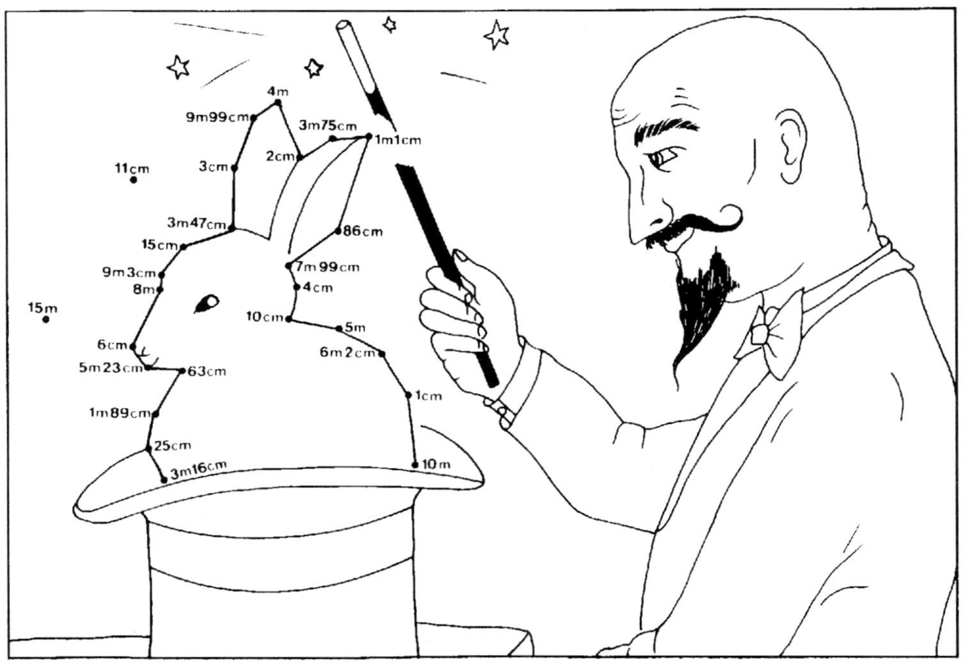

Seite 20

Male die Lösungsfelder in den angegebenen Farben an!

Schreibe als mm!

gelb: 1)
4 cm = 40 mm
12 cm = 120 mm
8 cm = 80 mm
63 cm = 630 mm
56 cm = 560 mm

braun: 2)
6 dm = 600 mm
5 dm = 500 mm
2 dm = 200 mm
9 dm = 900 mm
4 dm = 400 mm

schwarz 3)
30 cm 3 mm = 303 mm
5 cm 8 mm = 58 mm
10 cm 2 mm = 102 mm
1 cm 1 mm = 11 mm
5 cm 4 mm = 54 mm

Schreibe als cm und mm!

blau: 4)
77 mm = 7 cm 7 mm
35 mm = 3 cm 5 mm
48 mm = 4 cm 8 mm
95 mm = 9 cm 5 mm
22 mm = 2 cm 2 mm

rot: 5)
55 mm = 5 cm 5 mm
105 mm = 10 cm 5 mm
66 mm = 6 cm 6 mm
3 mm = 3 mm
410 mm = 41 cm

grün: 6)
29 mm = 2 cm 9 mm
229 mm = 22 cm 9 mm
9 mm = 9 mm
500 mm = 50 cm
50 mm = 5 cm

Bd. 42. Heiner Müller: Rechenblätter mit Selbstkontrolle – 3. Schuljahr

Persen® Bergedorfer® Best.-Nr. 2054

Seite 21

Verbinde die Punkte in der Reihenfolge der Aufgaben!

Ergänze zu 1 km!	Schreibe mit Komma!
1) 580 m + 420 m = 1 km	13) 18 km 600 m = 18,6 km
2) 760 m + 240 m = 1 km	14) 5 km 301 m = 5,301 km
3) 50 m + 950 m = 1 km	15) 0 km 150 m = 0,15 km
4) 400 m + 600 m = 1 km	16) 10 km 20 m = 10,02 km
5) 901 m + 99 m = 1 km	17) 16 km 850 m = 16,85 km
6) 222 m + 778 m = 1 km	18) 9 km 140 m = 9,14 km
7) 7 m + 993 m = 1 km	19) 0 km 30 m = 0,03 km
8) 999 m + 1 m = 1 km	20) 7 km 999 m = 7,999 km
9) 605 m + 395 m = 1 km	21) 4 km 500 m = 4,5 km
10) 790 m + 210 m = 1 km	22) 20 km 200 m = 20,2 km
11) 100 m + 900 m = 1 km	23) 11 km 111 m = 11,111 km
12) 30 m + 970 m = 1 km	24) 6 km 370 m = 6,37 km

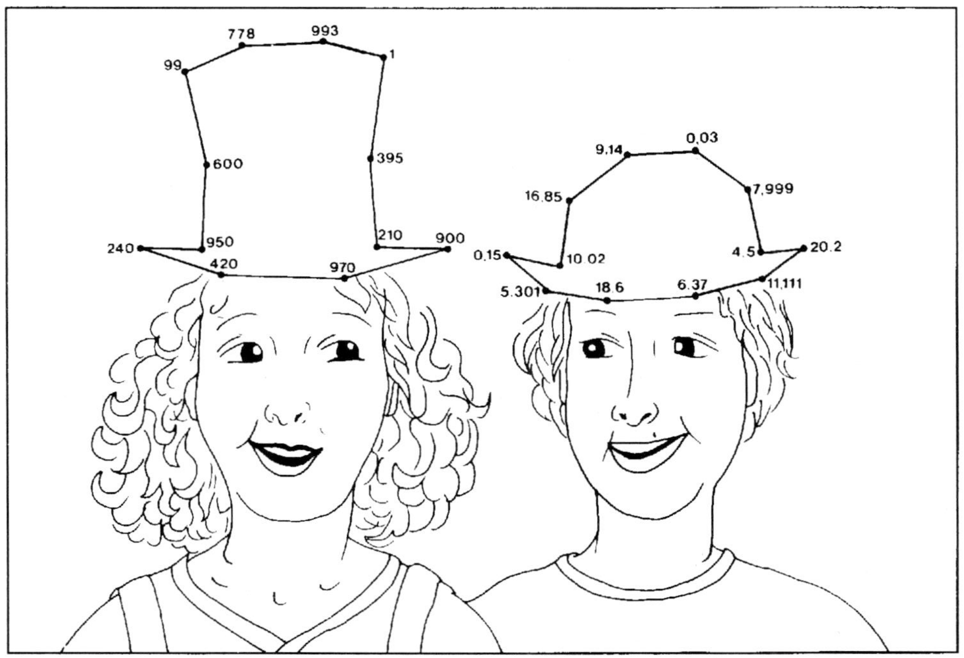

Seite 22

Wie groß ist der Umfang? Schreibe als mm!

Male die Lösungsfelder an!

1)

80 mm

2)

100 mm

3)

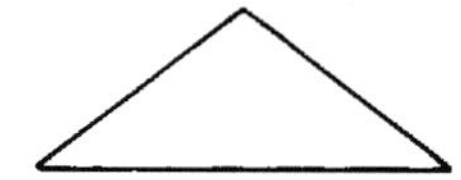

90 mm

4)

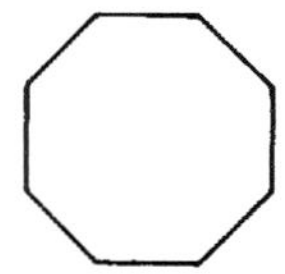

80 mm

5)

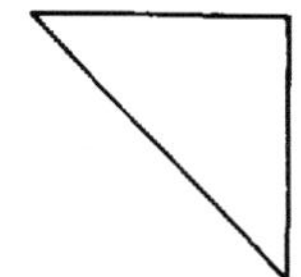

85 mm

6)

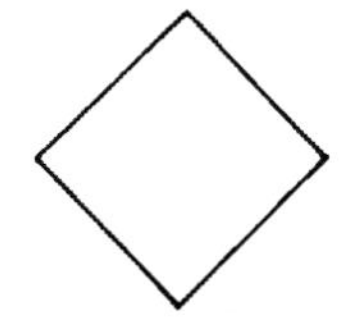

80 mm

7)

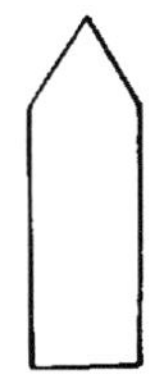

80 mm

8)

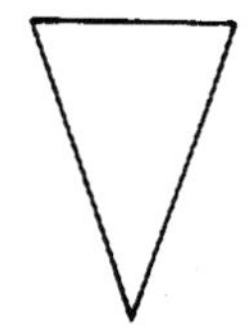

80 mm

9)

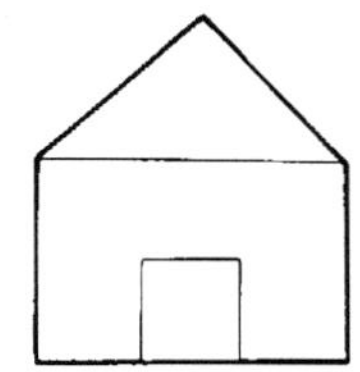

110 mm

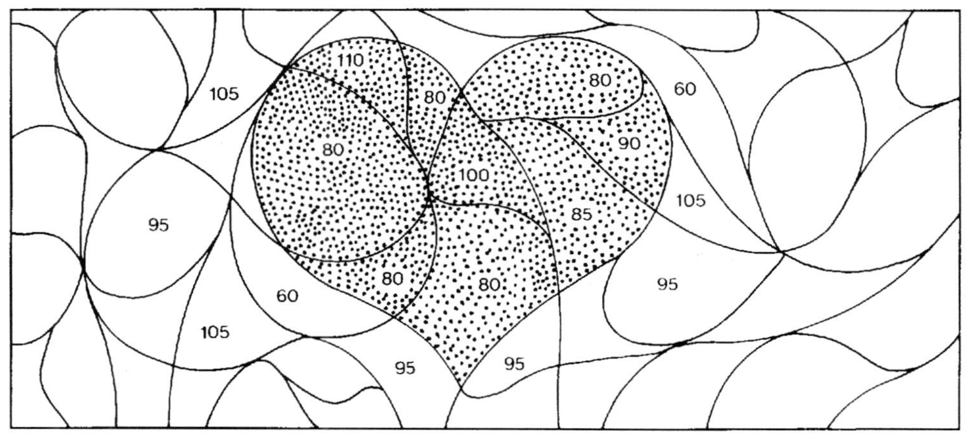

Persen® Bergedorfer® Best.-Nr. 2054

Seite 23

Suche zu jeder Lösung den richtigen Buchstaben!

Wie viele Tage liegen dazwischen?
1) Zwischen dem 29. Januar und dem 15. Februar?
Es liegen 17 Tage dazwischen. M
2) Zwischen dem 16. März und dem 1. April?
Es liegen 16 Tage dazwischen. O
3) Zwischen dem 16. Mai und dem 30. Mai?
Es liegen 14 Tage dazwischen. N
4) Zwischen dem 9. August und dem 17. August?
Es liegen 8 Tage dazwischen. A
5) Zwischen dem 26. November und dem 24. Dezember?
Es liegen 28 Tage dazwischen. T

6) Wie viele Tage sind es?
a) 10 Wochen = 70 Tage Z
6 Wochen = 42 Tage E
3 Wochen = 21 Tage I
4 Wochen = 28 Tage T

b) 3 Wochen 2 Tage = 23 Tage W
2 Wochen 2 Tage = 16 Tage O
9 Wochen 1 Tag = 64 Tage CH
5 Wochen 7 Tage = 42 Tage E

Seite 24

Verbinde die Punkte in der Reihenfolge der Aufgaben!

Punktrechnung geht vor Strichrechnung!

1) $3 + 2 \cdot 4 = 11$
2) $2 + 8 \cdot 5 = 42$
3) $6 + 5 \cdot 3 = 21$
4) $5 + 4 \cdot 6 = 29$
5) $7 + 6 \cdot 2 = 19$
6) $8 + 6 \cdot 7 = 50$
7) $14 - 3 \cdot 3 = 5$
8) $28 - 4 \cdot 5 = 8$
9) $18 - 7 \cdot 2 = 4$
10) $25 - 6 \cdot 3 = 7$
11) $30 - 3 \cdot 9 = 3$
12) $21 - 5 \cdot 3 = 6$
13) $15 + 36 : 4 = 24$
14) $20 + 25 : 5 = 25$
15) $37 + 18 : 3 = 43$
16) $15 + 30 : 6 = 20$
17) $26 + 14 : 7 = 28$
18) $42 + 16 : 4 = 46$
19) $29 + 10 : 2 = 34$
20) $16 - 8 : 4 = 14$
21) $25 - 12 : 6 = 23$
22) $36 - 24 : 4 = 30$
23) $21 - 20 : 5 = 17$
24) $13 - 9 : 3 = 10$

Seite 25

Male die Lösungsfelder an!

1) 7 · 60 = 420	11) 6 · 40 = 240
2) 8 · 40 = 320	12) 3 · 70 = 210
3) 3 · 80 = 240	13) 2 · 40 = 80
4) 4 · 70 = 280	14) 4 · 50 = 200
5) 9 · 20 = 180	15) 9 · 30 = 270
6) 4 · 80 = 320	16) 8 · 60 = 480
7) 8 · 90 = 720	17) 10 · 30 = 300
8) 8 · 30 = 240	18) 5 · 50 = 250
9) 7 · 50 = 350	19) 7 · 70 = 490
10) 5 · 90 = 450	20) 6 · 70 = 420
21) 4 · 5 · 10 = 200	23) 10 · 7 · 3 = 210
22) 3 · 3 · 10 = 90	24) 10 · 5 · 8 = 400

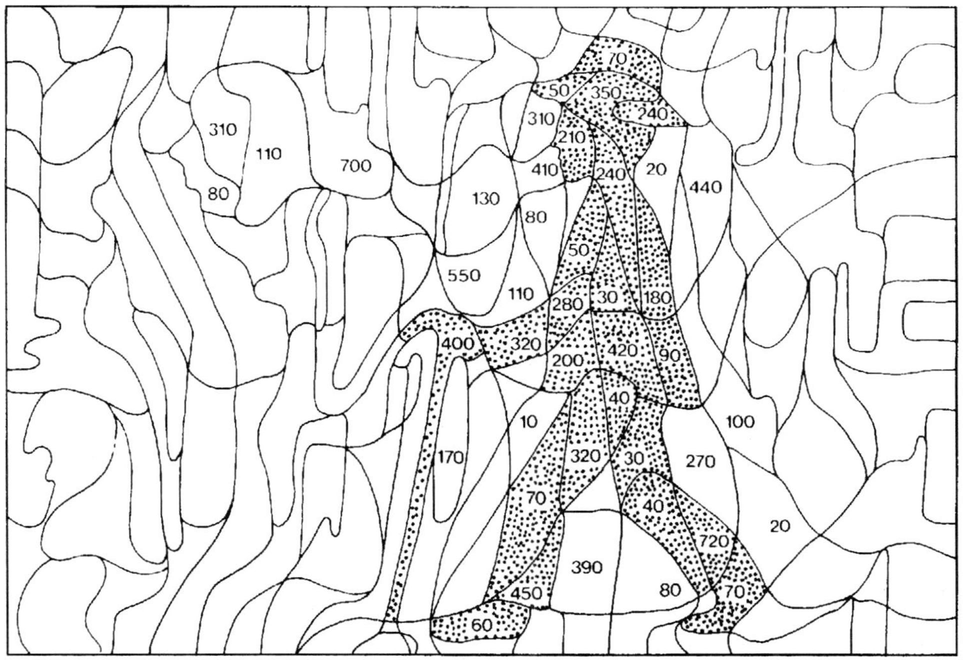

Seite 26

Male die Lösungsfelder an!

1) 280 : 40 = 7	13) 450 : 50 = 9
2) 360 : 60 = 6	14) 320 : 40 = 8
3) 810 : 90 = 9	15) 120 : 20 = 6
4) 150 : 30 = 5	16) 490 : 70 = 7
5) 400 : 50 = 8	17) 270 : 30 = 9
6) 80 : 20 = 4	18) 240 : 60 = 4
7) 210 : 70 = 3	19) 80 : 10 = 8
8) 100 : 10 = 10	20) 560 : 80 = 7
9) 160 : 80 = 2	21) 100 : 100 = 1
10) 20 : 20 = 1	22) 630 : 90 = 7
11) 250 : 50 + 8 = 13	23) 180 : 20 + 9 = 18
12) 720 : 80 + 6 = 15	24) 420 : 70 + 10 = 16

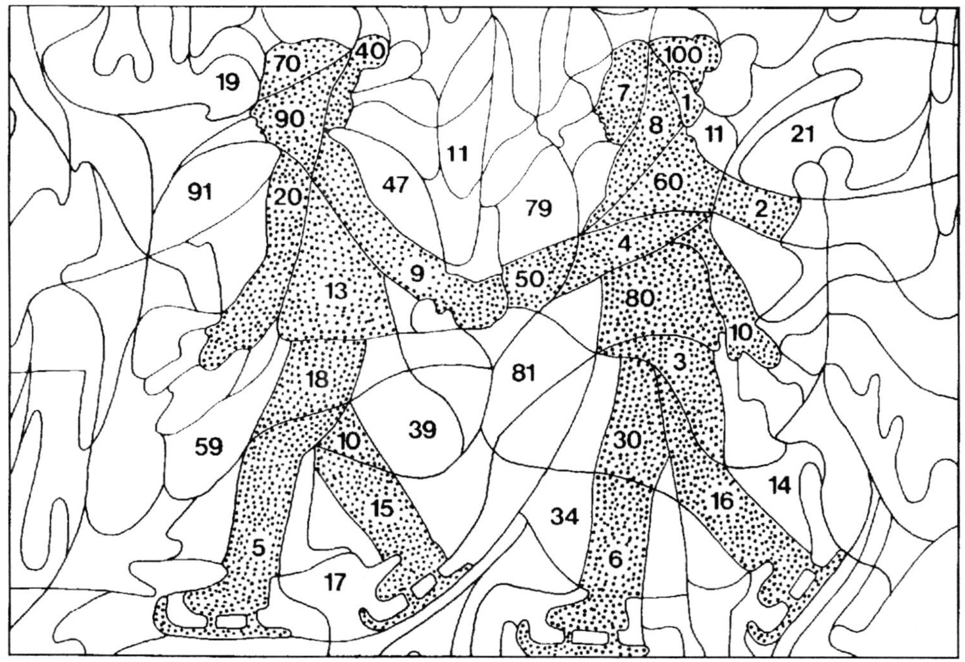

Seite 27

Verbinde die Punkte in der Reihenfolge der Aufgaben!

Ergänze zu 1 Kilogramm!

1) 946 g + 54 g = 1 kg
2) 512 g + 488 g = 1 kg
3) 750 g + 250 g = 1 kg
4) 903 g + 97 g = 1 kg
5) 666 g + 334 g = 1 kg
6) 730 g + 270 g = 1 kg
7) 488 g + 512 g = 1 kg
8) 10 g + 990 g = 1 kg
9) 254 g + 746 g = 1 kg
10) 300 g + 700 g = 1 kg
11) 61 g + 939 g = 1 kg
12) 902 g + 98 g = 1 kg
13) 515 g + 485 g = 1 kg
14) 250 g + 750 g = 1 kg
15) 6 g + 994 g = 1 kg
16) 487 g + 513 g = 1 kg
17) 261 g + 739 g = 1 kg
18) 50 g + 950 g = 1 kg
19) 500 g + 500 g = 1 kg
20) 330 g + 670 g = 1 kg
21) 486 g + 514 g = 1 kg
22) 983 g + 17 g = 1 kg
23) 101 g + 899 g = 1 kg
24) 2 g + 998 g = 1 kg

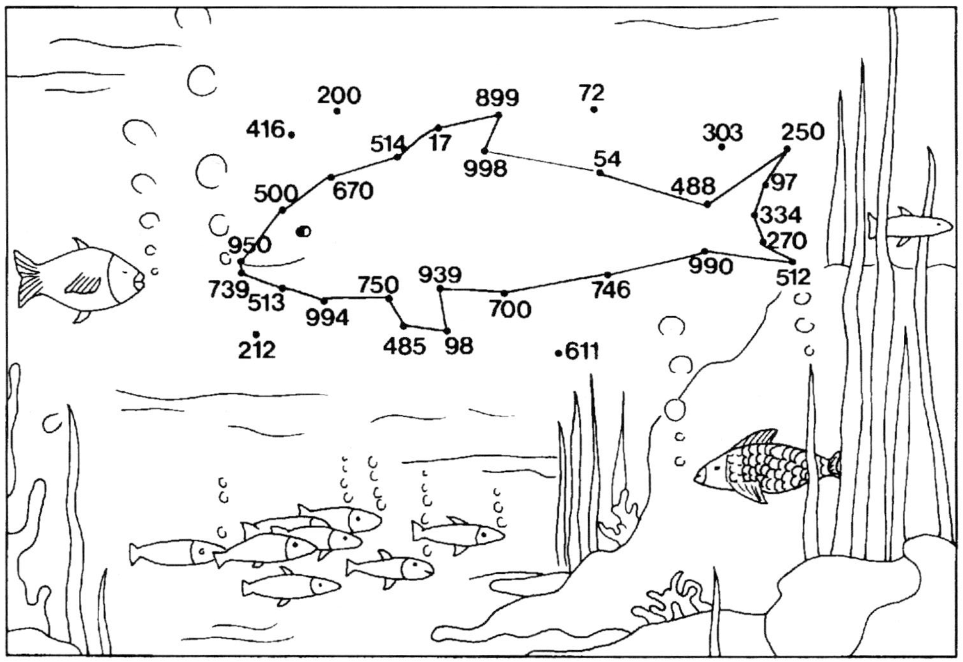

Seite 28

Trage den Buchstaben beim richtigen Ergebnis ein!

1) 235 + 142 = 377 (G)
2) 481 + 312 = 793 (I)
3) 678 + 221 = 899 (H)
4) 135 + 623 = 758 (A)
5) 834 + 155 = 989 (T)
6) 342 + 206 = 548 (F)
7) 555 + 242 = 797 (S)
8) 271 + 618 = 889 (A)
9) 402 + 436 = 838 (E)
10) 535 + 240 = 775 (S)
11) 792 + 106 = 898 (N)
12) 442 + 56 = 498 (D)
13) 622 + 14 + 152 = 788 (C)
14) 130 + 456 + 213 = 799 (H)
15) 666 + 11 + 202 = 879 (E)
16) 52 + 423 + 524 = 999 (O)

775	999
S	O

879	793	898	548	889	788	899
E	I	N	F	A	C	H

377	838	799	989
G	E	H	T

498	758	797
D	A	S

Persen® Bergedorfer® Best.-Nr. 2054

Seite 29

Male die Lösungsfelder an!

1)	2)	3)	4)
287	408	186	506
+ 364	+ 329	+ 425	+ 208
651	737	611	714

5)	6)	7)	8)
426	186	563	719
+ 99	+ 305	+ 108	+ 112
525	491	671	831

9)	10)	11)	12)
78	228	192	395
+ 295	+ 555	+ 346	+ 477
373	783	538	872

13)	14)	15)	16)
158	144	296	88
142	666	320	177
+ 46	+ 102	+ 205	+ 299
346	912	821	564

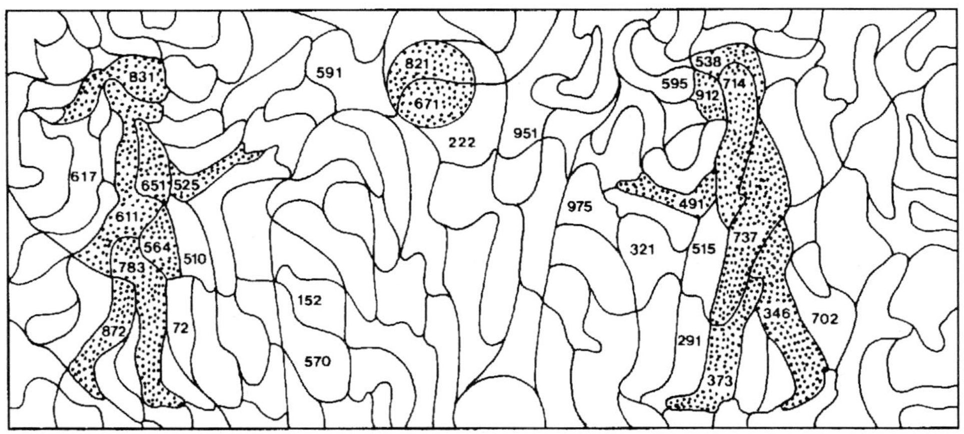

Seite 30

Verbinde die Punkte in der Reihenfolge der Aufgaben!

1)	2)	3)	4)
577	966	875	777
— 252	— 342	— 444	— 234
325	624	431	543

5)	6)	7)	8)
960	564	689	592
— 150	— 204	— 327	— 482
810	360	362	110

9)	10)	11)	12)
327	265	756	662
— 125	— 102	— 312	— 432
202	163	444	230

13)	14)	15)	16)
888	685	769	948
— 103	— 22	— 222	— 313
— 251	— 462	— 305	— 25
534	201	242	610

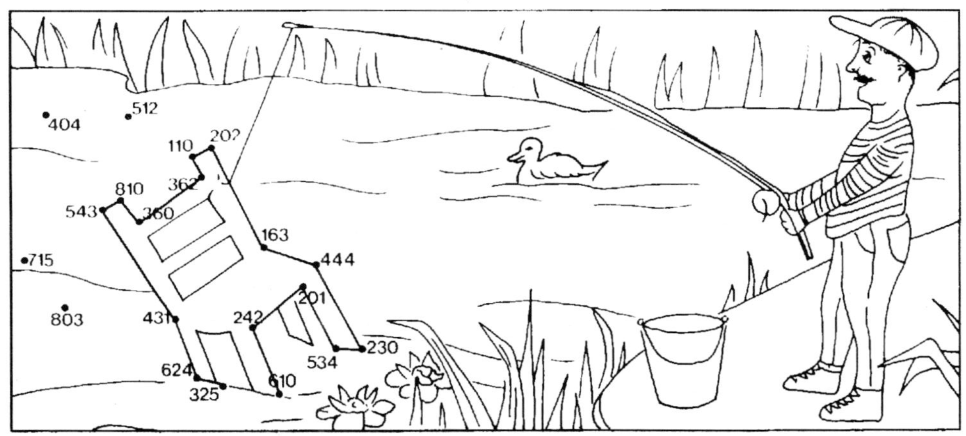

Persen ® Bergedorfer ®
Best.-Nr. 2054

Seite 31

Male die Lösungsfelder an!

1)		2)		3)		4)	
	936		875		596		764
—	458	—	366	—	487	—	268
	478		509		109		496

5)		6)		7)		8)	
	499		372		256		372
—	269	—	119	—	109	—	265
	230		253		147		107

9)		10)		11)		12)	
	645		840		663		404
—	456	—	575	—	384	—	138
	189		265		279		266

13)		14)		15)		16)	
	712		654		723		416
—	203	—	120	—	112	—	53
—	351	—	246	—	306	—	144
	158		288		305		219

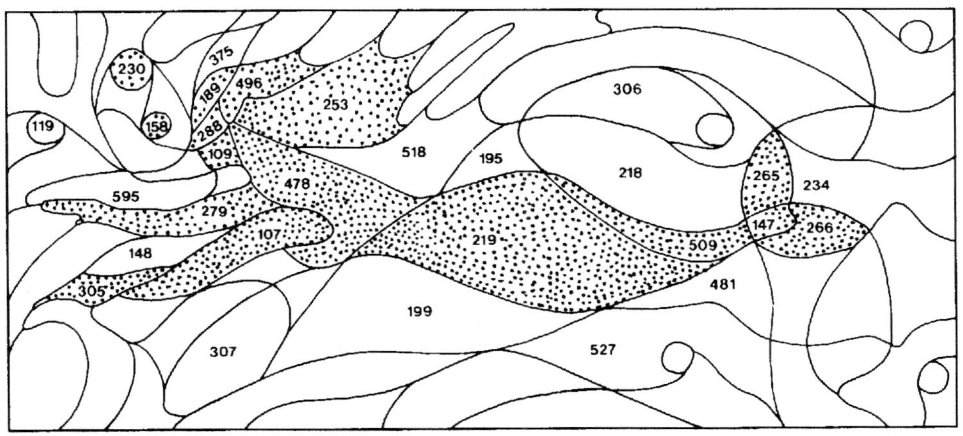

Seite 32

Male die Lösungsfelder in den angegebenen Farben an!

blau:

1)		2)		3)		4)	
	640 DM		478 DM		219 DM		509 DM
+	325 DM	+	387 DM	+	666 DM	+	233 DM
	965 DM		865 DM		885 DM		742 DM

gelb:

5)		6)		7)		8)	
	863 DM		651 DM		285 DM		707 DM
—	509 DM	—	419 DM	—	199 DM	—	436 DM
	354 DM		232 DM		86 DM		271 DM

grün:

9)		10)		11)		12)	
	216 DM		586 DM		386 DM		702 DM
	303 DM		75 DM		224 DM		16 DM
+	473 DM	+	213 DM	+	316 DM	+	281 DM
	992 DM		874 DM		926 DM		999 DM

rot:

13)		14)		15)		16)	
	392 DM		732 DM		999 DM		481 DM
—	229 DM	—	273 DM	—	222 DM	—	106 DM
—	146 DM	—	327 DM	—	555 DM	—	217 DM
	17 DM		132 DM		222 DM		158 DM

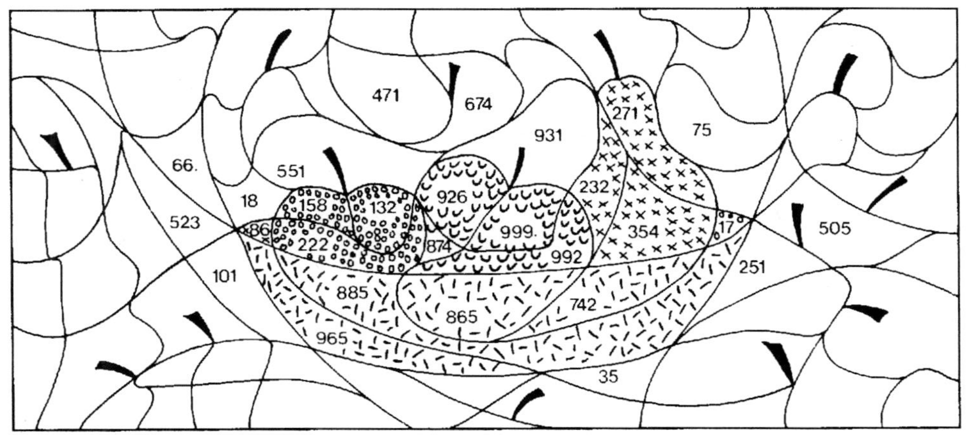

Seite 33

Verbinde die Punkte in der Reihenfolge der Aufgaben!

1) 3 · 17 = 3 · 10 + 3 · 7 = 51
2) 5 · 16 = 5 · 10 + 5 · 6 = 80
3) 8 · 12 = 8 · 10 + 8 · 2 = 96
4) 4 · 19 = 4 · 10 + 4 · 9 = 76
5) 6 · 14 = 6 · 10 + 6 · 4 = 84
6) 2 · 18 = 2 · 10 + 2 · 8 = 36
7) 7 · 13 = 7 · 10 + 7 · 3 = 91
8) 9 · 15 = 9 · 10 + 9 · 5 = 135
9) 6 · 11 = 6 · 10 + 6 · 1 = 66
10) 8 · 16 = 8 · 10 + 8 · 6 = 128
11) 5 · 12 = 5 · 10 + 5 · 2 = 60
12) 4 · 17 = 4 · 10 + 4 · 7 = 68
13) 18 · 6 = 10 · 6 + 8 · 6 = 108
14) 13 · 4 = 10 · 4 + 3 · 4 = 52
15) 15 · 5 = 10 · 5 + 5 · 5 = 75
16) 12 · 6 = 10 · 6 + 2 · 6 = 72
17) 17 · 7 = 10 · 7 + 7 · 7 = 119
18) 14 · 8 = 10 · 8 + 4 · 8 = 112
19) 11 · 3 = 10 · 3 + 1 · 3 = 33
20) 16 · 2 = 10 · 2 + 6 · 2 = 32
21) 19 · 7 = 10 · 7 + 9 · 7 = 133
22) 17 · 5 = 10 · 5 + 7 · 5 = 85
23) 13 · 6 = 10 · 6 + 3 · 6 = 78
24) 15 · 8 = 10 · 8 + 5 · 8 = 120

Seite 34

Finde die richtigen Buchstaben!

1) 96 : 3 = ☐
90 : 3 = 30
6 : 3 = 2
96 : 3 = 32

2) 168 : 4 = ☐
160 : 4 = 40
8 : 4 = 2
168 : 4 = 42

3) 132 : 6 = ☐
120 : 6 = 20
12 : 6 = 2
132 : 6 = 22

4) 144 : 2 = ☐
140 : 2 = 70
4 : 2 = 2
144 : 2 = 72

5) 225 : 5 = ☐
200 : 5 = 40
25 : 5 = 5
225 : 5 = 45

6) 175 : 7 = ☐
140 : 7 = 20
35 : 7 = 5
175 : 7 = 25

7) 567 : 9 = ☐
540 : 9 = 60
27 : 9 = 3
567 : 9 = 63

8) 600 : 8 = ☐
560 : 8 = 70
40 : 8 = 5
600 : 8 = 75

9) 348 : 4 = ☐
320 : 4 = 80
28 : 4 = 7
348 : 4 = 87

10) 288 : 3 = ☐
270 : 3 = 90
18 : 3 = 6
288 : 3 = 96

11) 210 : 6 = ☐
180 : 6 = 30
30 : 6 = 5
210 : 6 = 35

12) 469 : 7 = ☐
420 : 7 = 60
49 : 7 = 7
469 : 7 = 67

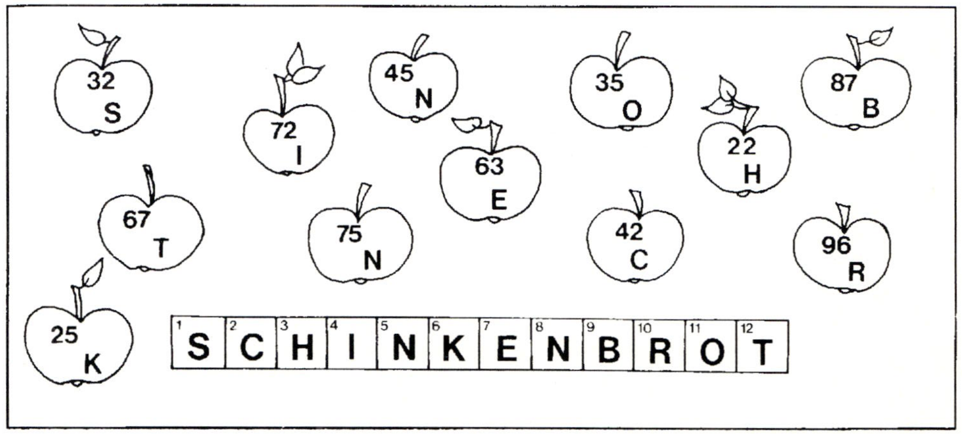

Seite 35

Verbinde die Punkte in der Reihenfolge der Aufgaben!

1) 52 —: 4→ 13, 13 —· 4→ 52

2) 72 —: 3→ 24, 24 —· 3→ 72

3) 165 —: 5→ 33, 33 —· 5→ 165

4) 99 —: 3→ 33, 33 —· 3→ 99

5) 312 —: 6→ 52, 52 —· 6→ 312

6) 272 —: 8→ 34, 34 —· 8→ 272

7) 189 —: 7→ 27, 27 —· 7→ 189

8) 435 —: 5→ 87, 87 —· 5→ 435

9) 891 —: 9→ 99, 99 —· 9→ 891

Verbinde die Punkte der Ausgangszahlen!

10) · →   (· 6 →, · 3 →)

E	Z	A
8	48	144
6	36	108
5	30	90
4	24	72

11) · →   (· 4 →, · 5 →)

E	Z	A
3	12	60
8	32	160
7	28	140
2	8	40

12) · →   (· 7 →, · 2 →)

E	Z	A
4	28	56
6	42	84
3	21	42
5	35	70

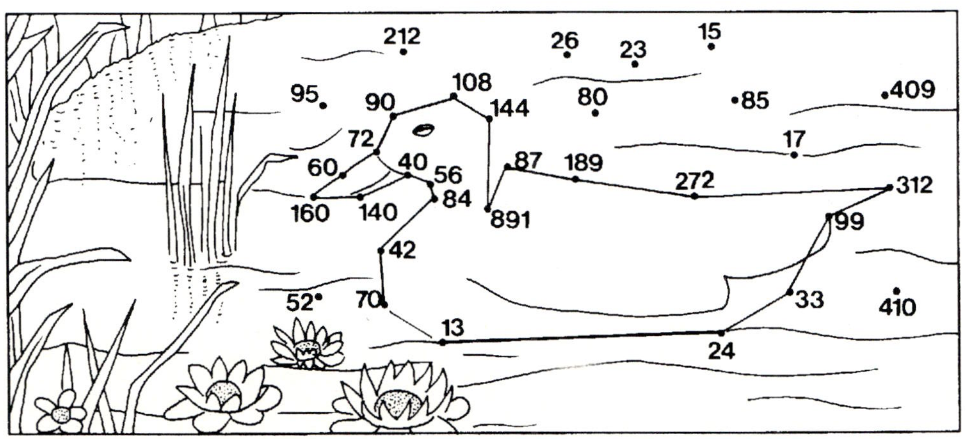

Seite 36

Male die Lösungsfelder in den angegebenen Farben an!

Ergänze zu 1 hl!

braun:

1) 38 l + 62 l = 1 hl
2) 67 l + 33 l = 1 hl
3) 40 l + 60 l = 1 hl
4) 91 l + 9 l = 1 hl
5) 5 l + 95 l = 1 hl
6) 25 l + 75 l = 1 hl

blau:

7) 13 l + 87 l = 1 hl
8) 50 l + 50 l = 1 hl
9) 1 l + 99 l = 1 hl
10) 84 l + 16 l = 1 hl
11) 66 l + 34 l = 1 hl
12) 78 l + 22 l = 1 hl

Schreibe mit Komma!

grün:

13) 9 hl 38 l = 9,38 hl
14) 4 hl 17 l = 4,17 hl
15) 7 hl 8 l = 7,08 hl
16) 5 hl 50 l = 5,50 hl
17) 0 hl 1 l = 0,01 hl
18) 3 hl 10 l = 3,10 hl

gelb:

19) 2 hl 2 l = 2,02 hl
20) 8 hl 77 l = 8,77 hl
21) 0 hl 20 l = 0,20 hl
22) 1 hl 5 l = 1,05 hl
23) 10 hl 10 l = 10,10 hl
24) 0 hl 99 l = 0,99 hl

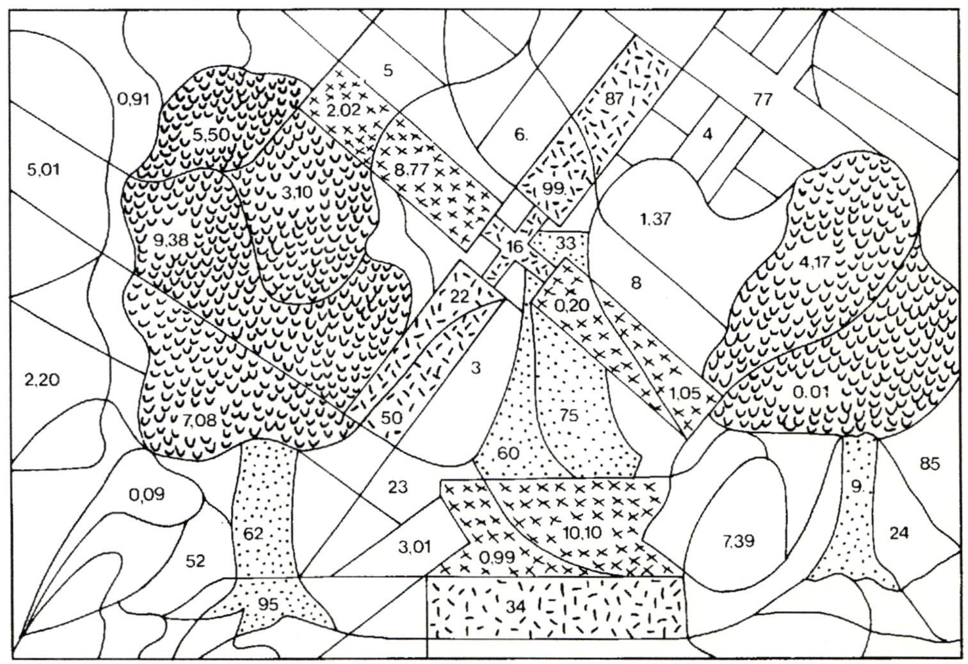

Bergedorfer®
Best.-Nr. 2054